ちくま学芸文庫

古代アテネ旅行ガイド

一日5ドラクマで行く

フィリップ・マティザック

安原和見 訳

筑摩書房

【目次】

古代アテネ旅行ガイド

——一日5ドラクマで行く——

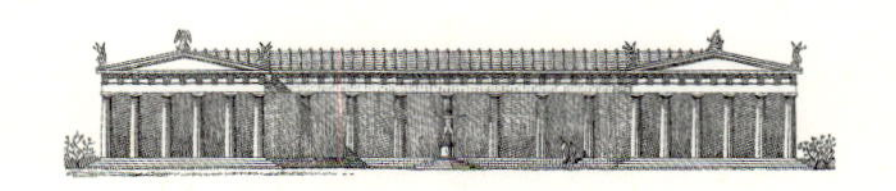

著者による注

ペロポネソス戦争［前431〜404］開戦後も、アテネは何年間も知の中心地でありつづけたが、本書では戦争が始まる直前の時期を選んだ。アテネの光輝が絶頂に達していた時期であるというだけでなく、この時期を最後にアテネはある種の無垢を失ってしまうからだ。

いつものとおり、本書を出版にこぎ着けるにはたくさんのかたがたにお世話になった。なかでも *The Athenian Agora*（1992）および *The Archaeology of Athens*（2004）の著者ジョン・キャンプにはとくに感謝したい。しろうとや学生のための概説としては現在最高の著作であり、惜しみなく心血を注がれた労作だ。また、デイヴィッド・バタフィールドには古代ギリシア語の翻訳を助けてもらった。本書執筆当時私の教え子だったジャッキー・ホエイレンは調査に協力してくれた。そしてとくに、ルドウィク・ズィウルズィクとクリスティナ・ズィウルズィク夫妻に謝意を表する。お力添えいただいたのは短期間だったが、それがなければこの本は日の目を見ることはなかっただろう。ゆえに本書をおふたりに捧げる。

古代アテネ旅行ガイド
——一日５ドラクマで行く——

【ギリシア中部地図】

スペルケイオス川
マリアコス湾
オイテ山
テルモピュライ
パルナッソス山
デルポイ
コリント湾
テバイ
プラタイアイ
ラムヌス
マラトン
エレウシス
アテネ
アッティカ
ペイライエウス
サラミース
ラウリオン山
スーニオン岬
ヘルミオネー
エーゲ海

【アテネ地図】

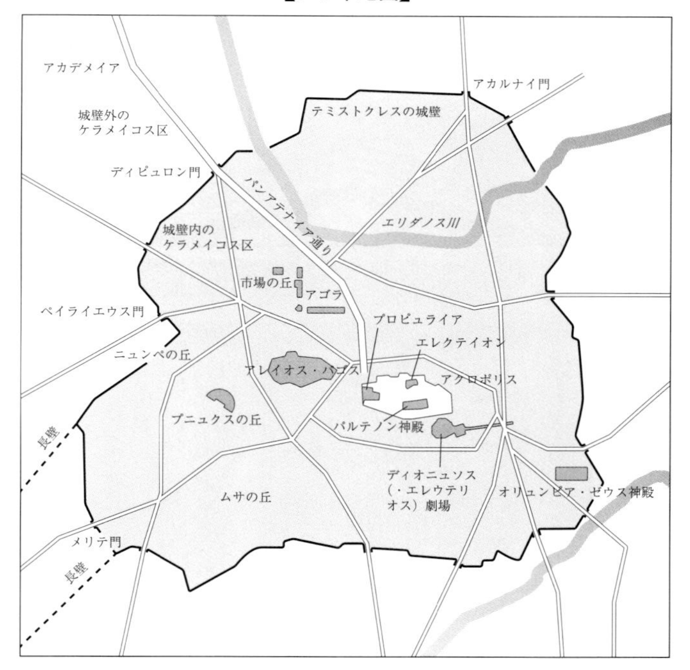
アカデメイア
アカルナイ門
テミストクレスの城壁
城壁外の
ケラメイコス区
ディピュロン門
パンアテナイア通り
エリダノス川
城壁内の
ケラメイコス区
市場の丘
アゴラ
ペイライエウス門
プロピュライア
エレクテイオン
ニュンペの丘
アレイオス・パゴス
アクロポリス
プニュクスの丘
パルテノン神殿
長壁
ディオニュソス
（・エレウテリ
オス）劇場
オリュンピア・ゼウス神殿
ムサの丘
メリテ門
長壁

ギリシアの女性たち。神殿のポーチ（前廊〔プロナオス〕）の柱のあいだに立っているところ。

第1章
行きかた

テルモピュライ § デルポイ § アッティカ § マラトン

テルモピュライ

ギリシアの空気はその澄明さで名高い。だから運がよければ、青いマリアコス湾［ギリシア東海岸にある湾。この湾とカリドロモス山にはさまれた細い帯状の地域がテルモピュライ］に入るずっと前から、早くもアテネに続く道の起点が見えるだろう。南西には雲を頂くオイテ山がそびえ、前方にはテルモピュライの崖があって、ギリシア南部への門を守っている。

季節は春。海岸の崖の向こうにそびえる標高1200メートルのカリドロモス山は、そのすそ野をオークの森の目にも快い新緑に飾られている。アテネへの旅が始まるのはこの地点――1世代前［前480年］、ギリシアを目指すまた別種の訪問者が、その名もふさわしい「熱き門」で熱烈な歓迎を受けた場所だ。訪問者の名はクセルクセス、ペルシアの王のなかの王である。恐るべき大軍を率いて寄せてきたものの、王のギリシア侵攻はここで初めて後退の憂き目を見た。スパルタ軍によるテルモピュライ防衛戦は、ペルシア戦争中最も名高い戦闘のひとつだが、前431年のアテネ――可能ならざることのなにひとつない都市――が生まれたのは、この戦争があったからこそだ。というわけで、この海岸は旅の起点にふさわしい場所と言えるだろう。ここには、レオニダス王と彼に従うスパルタ人の英雄300人が眠っているのだから。

最初の寄港地はなかなか見つけにくい場所だが、狭い海岸のアンテレ村のあるあたりだ。小さな村で、崖の狭い岩間にすっぽり収まっている。崖がとくに海に迫っている3か所の狭隘部のうち、ここは最も西にあって「西門」と呼ばれている。この3か所をひっくるめてテルモピュライというのである。上陸して最初にやるべきは宿を探すことだろうが、戦闘があって40年以上経ついまでも、このあたりにはおおぜい観光客がやって来る。ときには長髪の紳士が厳粛な面持ちでやって来ることもある。ここに葬られた祖父の墓参りに来る人々だ。スパルタ王レオニダスは、300人の部下を率いて死地へ赴くことになるとわかっていたため、家門の絶えることがないように存命の息子のいる者だけを選んできた。スパルタ軍は数万のクセルクセス軍をここで食い止めて時間を稼ぎ、その貴重な数日のあいだにギリシア全土が総力をあげて防衛を固めていたのである。300人の兵士の子孫は、その気になれば、圧倒的に不利な

（左）旅をする夫婦。ふたりとも裸足である。アテネには一生靴をはかずに暮らす人もいる。

（右）騎手。槍はなくてもよいが、危険な土地を行くときは大集団のほうが安全だ。

戦況で玉砕した先祖の感動の物語を語ることもできるだろう。しかし、たぶんかれらはそんなことはしない。スパルタ人は無口（ラコニック）で有名で、なにしろこの「ラコニック」という言葉じたい、スパルタ人のゆえにできた言葉だ。つまりもともとは「ラコニアの」という意味で、ラコニアというのはスパルタのあるギリシアの一地方の名前なのである。

だれでもいい、そのへんのスパルタ人に話しかけてみるといい。ほとんど口をきかないのでばかなのかと思ってしまうだろう。ところがしまいに、腕の立つ射手のように彼は短いひとことを放ち、こちらのほうが完全に幼稚だったと思い知らせてくれるのだ。　　　――プラトン『プロタゴラス』342

テルモピュライをきちんと探検するなら、まずはアンテレの西に向かい、トラキスの崖の近く、スペルケイオス川が海に注ぐあたりから始めよう。この崖の向こうにそびえるのがオイテ山で、ヘラクレス（ローマ人はヘルクレスと呼ぶ）は名高い12の功業を果たしたあと、ここで死んだと言われている。彼が横たわった火葬台のうえからは、テルモピュライが、そしてレオニダスが最後に立っていた場所がよく見えただろう。ちなみに、レオニダスはヘラクレスの直系の子孫だと言われている。スペルケイオス川のそばにはアソポス川というやや小ぶりの川があり、ふたつの川のあいだは狭い平地になっている。ここが、ペルシア軍が陣を張った場所だ。そこから少し歩くと低い丘になっており、クセルクセスはこの丘のうえに座って戦闘を見物していた。そして、スパルタ軍に自軍が撃退されるたびに、驚愕と怒りに跳びあがったという。

戦闘じたいは、アンテレを過ぎてさらに東でおこなわれた。カリドロモス山の低い山脚が後退しているせいで隘路が比較的広くなり、幅が30メートルほどになっている場所だ。ここがいわゆる「中門」で、崩れた壁が残っているのは、ギリシア軍が最初ここで防戦を試みたためだ。のちにすべての望みを断たれて東門に退却し、低い丘のうえで玉砕するまで戦ったのだが、そこにはいまでは記念に獅子の石像が立っている。

さらに進むと、「東門」の近くに3基の大理石の柱が立っている。最初の柱には、予言者メギスティアスを記念す

テルモピュライ豆知識

†数千年にわたって繰り返し激戦の舞台になってきたものの、「熱き門」と名づけられたのは、このあたりで温泉が湧いているからである。

†この戦闘を生き延びたスパルタ兵はふたりいた。うちひとりは、生き残ったことを恥じて自殺している。

†危険な戦闘の前には、スパルタ人は極端なほど入念に髪の手入れをする。

†戦闘後、復讐に燃えるクセルクセスは、レオニダスの首を杭に載せてさらすよう命じた。

†テルモピュライには400人のテバイ人も参戦していた（降伏している）。

る詩句が刻まれている。メギスティアスは災いを予見しながら、300人隊とともにとどまることを選んだ。この詩を書いたのはメギスティアスの友人で、傑出した叙情詩人シモニデスである。シモニデスは、テルモピュライの戦いの20年後に没するまでアテネに住んでいた。

ここに見えるは偉大なるメギスティアスの墓
スペルケイオス川の浅瀬を渡り来たメディア人を殺戮す
賢き予言者はおのれの死を明らかに予見しつつも
スパルタ軍の大義を見捨てようとはしなかった
——シモニデス

第2の柱には、この戦闘で戦ったすべてのギリシア人を記念して、「4000にて数百万を押し返した」と刻まれている。最後の柱はレオニダス麾下(きか)の将兵のみに捧げられたもので、こんな短いメッセージを掲げている。「旅人よ、行きてスパルタ人に伝えよ。なんじらの掟のままにわれらここにて討ち死にせりと」

これらの記念碑を見学したら、時間が許すならだが、帰りはカリドロモス山を突っ切る曲がりくねった道を通ってみよう。この道はアノパイアと呼ばれているが、この名はそれが通っている山の名でもあり、またこの道に並行して流れて海に注ぐ川の名でもある。これは、ペルシアの不死部隊5000名がたどった道だ。この間道を通ってきた部隊に翼側を突かれ、ついにレオニダス軍はとどめを刺されたのである。その悲壮な最期をしのびつつテルモピュライめぐりを終えようというところで、その終点にはいささか興ざめなものが待っている。なめらかな岩が地面から突き出ているのだが、地元ではこれを「黒い尻」と呼んでいるのだ。

アンテレ村に戻ったら、そろそろロバを調達してマントを荷造りしなくてはならない（ギリシア人は服装に関しては無頓着なミニマリストで、同行の旅人のなかには、この「ヒマトン」と呼ばれるマント一枚で旅する者もいるだろう）。また、頑丈なブーツとつば広の帽子、それにデルポイに着くまでの食料も必要だ。ここからはギリシアの街道を行くことになる。ギリシアで長途を旅する人は、できるだけ海路をとろうとするものだが、その理由を知る時が来たというわけだ。

デルポイ

この街道（この曲がりくねった山道がその名に値するならだが）は真南に通じており、そこは伝説に名高いゼウスの鷲が世界の中心を発見した場所だ。ここ高峰パルナッソスから眺めれば、野やオリーヴ林の向こうにコリントス湾が見える。パルナッソスはアポロン神の聖地であり、アポロンはデルポイの巫女の口を通じて神託をくだす。この神話に濃く彩られた土地に入ると、街道はデルポイの少し手前で3つに分かれるが、オイディプス（エディプス・コンプレックスという名称のもとになった）が実父に出会ってそれと知らずに殺してしまったのはここである。

このデルポイ街道を行くと、なぜ頑丈な靴を履き、ロバに荷物を運ばせるのが望ましいのかすぐに明らかになる。

パルナッソスの高さはゆうに2000メートルを超え、道は岩がちで険しい。そのため、いまから500年以上もあとにこの街道を旅する文筆家パウサニアスは、「壮健で健脚の男にとってすら、この道を行くのは楽ではない」とこぼすことになる。しかし、この旅にはそれだけの価値がある。月桂樹の林に包まれたこの山の斜面には、ピュティア大祭の開催地にして、世に知られた最も名高い神託の地、言わずと知れたデルポイがあるのだ。

デルポイは年じゅう賑わっているが、アポロンの巫女ピュティアが神託を下すときは常にもまして大賑わいだ（これは毎月7日におこなわれるが、ただし冬季だけはべつ。アポロンが陽光あふれる土地へ去ってしまうからだ）。数日滞在するつもりがないのなら、ピュティア競技祭の期間に訪れるのはお勧めできない。あまりの人出に音をあげてしまうだろうから。と言っても、この競技祭に見る甲斐がないというわけではない。これは芸能とスポーツがともに楽しめる祭で、音楽の競技会も開かれる（ただし横笛は対象外だ。ふつう葬儀や酒宴の席で演奏される楽器なので、競技祭のような健康的なイベントにはふさわしくないため）。戦車競走や、完全な甲冑姿での徒競走もある。しかし、それでなくても人でごった返しているのが、競技祭中は輪をかけて大変な人出になるから、デルポイのもつ美や静謐や壮大な景観を楽しみにくくなってしまう。

この競技祭は前582年以来4年に1度の開催になっているが、競技祭中でなくてもここの劇場は見ておく価値がある。丘腹の天然のくぼみに数千人を収容できる観客席が設けられ、舞台の向こうに目をやれば、息をのむ絶景が広がっている。曲がりくねった道をたどって劇場の左手に向かい、デルポイで最も高い地点まで登れば、そこには運動競技のおこなわれるスタディオンがある。このスタディオンは斜面を穿って建設されており、北側は山腹に食い込み、南側の階段席は壁で支えられている。走路はヘアピンのような形をしており、いっぽうの端には床の石に小さな穴があいていて、これがスターティング・ブロックとして使われている。なにはともあれ、眼下に広がるギリシアの地方部の景観に息を呑むことまちがいなしだ。

数時間かけて、さまざまな宝物を見てまわろう。あらゆる都市がデルポイにそれぞれ宝物庫を建てているが、なかの宝物はアポロンへの奉納品である。財政的に逼迫したら借り出すこともできる――アポロンは貸出は気になさらないが、ただし利息をつけてすみやかに返済しなくてはならない。デルポイという奇妙な都市が、不敬にも「古代ギリシアの中央準備銀行」と呼ばれるようになるのはこのためだ。各都市はほかの都市より立派な宝物庫を築こうとしのぎを削っているが、とはいっても巨大さや華美さを競うの

ペディメント上には黄金の
「蠱惑者」が歌っていた　――ピンダロス　パイアン第8歌

デルポイとティトレアを結ぶ道は、全体に山のなかというわけではない。それどころか、25マイルの道の一部は、車両が通るのに適しているとも言われている。
――パウサニアス『ギリシア案内記』10・32

ではなく（そんな罰当たりな！）、典雅な建築の宝石たることを目指して精進するのだ。そして、はるかに豪華な記念碑的建造物も、その気になれば造営できるということを品よくほのめかすわけである。言うまでもなく、その主たる実例はアテネの宝物庫だ。アポロンの境内（テメノス）にあるドリス式（第9章「柱の種類」参照）の小さな建物で、パロス島産大理石（すばらしく肌理の細かい半透明で純白の大理石）でできている。正面および南面はフリーズ［柱頭と屋根にはさまれた帯状の部分］の生き生きした浮彫りで飾られているが、その主たる登場人物はテセウスである。半人半牛のミノタウロスを退治した、アテネ人にとっては伝説の英雄だ（第3章の「テセウスについて」参照）。宝物庫の壁は巨大な伝言板の役割も果たしていて、そこにアテネ人たちは讃歌や献辞を刻んでいる。庫内に納められている宝物は、ペルシア軍に対する勝利を感謝して奉納したもの。しかし、ペルシア軍から奪った戦利品そのものは、神託によって奉納を拒否されてしまった。伝えによれば、それをもたらしたアテネの指導者テミストクレスがのちに敵に寝返ったからだという。

　多くのギリシア都市や海外のギリシア植民市と同じく、アテネはこの境内のほかの場所にも像を建てたり奉納品を飾ったりしている。拿捕した敵船の衝角や、支配下に置いた諸都市からの奉納であることを記した青銅の盾も陳列されている——このことからもわかるように、アテネは活力あふれる学芸の中心地であるだけでなく、かなり強大な帝国の主人でもあるのだ。

さて、アテネの宝物庫を見物したら、そのわきを通っている《聖道》に出て、オリーヴの枝を持って歩く嘆願者の群れに加わろう。かれらは神託を授かるためにここの神殿を目指して旅してきた人々だ。ピュティアにお伺いを立てるのは、軽い気持ちでやっていいことではない。都市はもちろん帝国ですら、和議か戦争かという問題を議論するためにデルポイの神託を求めるのだから、つまらない問題でアポロンをわずらわせるのは賢いことではない――ギリシア神話をざっと読むだけで、オリュンポスの神にじきじきに関心を持たれるのがどんなに危険かわかろうというものだ。

神託を授かろうと決めたら、「ペラノス」と呼ばれる最

典型的なデルポイの宝物庫。これはシプノス［エーゲ海の島。金銀の鉱山を有しており絶大な富を誇った］の宝物庫である。

初の犠牲（このときは血を流してはいけないことになっているので、現金でも差し支えない）を捧げて審査を受ける。アポロンの予言を求めてよいと認められると、心と魂を浄めるための儀式を授かる。それがすんだら、《聖道》を登ってアポロンの祭壇の前に立ち、再度の犠牲すなわち「プロテュシア」（これには一般に、黒い未去勢の牡羊が必要だ）を捧げる。定期的なお伺いの日には、犠牲式はデルポイの役人が質問者に代わって執りおこなうが、ほかの日には質問者がみずからおこなう。あるいはむしろ「賓客接待者（プロクセノス）」が代行することも多い。というのは、外国人が母市以外の都市の祭壇で犠牲を捧げるときは、プロクセノスを通じて間接的に捧げることになっているからである（プロクセノスは、ギリシアの各都市がほかの都市の市民をひとり選び、自市の市民がそこの都市を訪れたとき、当局との仲介役を務めてもらうという伝統的な制度である。つまり、おおよそ領事に近い役割を果たすわけだ。アテネに着いて真っ先にやるべきことのひとつが、代理人を務めてくれるプロクセノスの名前と住所を調べることである）。

この第２の犠牲式がうまく行かないとすべて水の泡である。自身デルポイの神官であった伝記作家プルタルコスによると、「頭に酒を注がれるさいに、犠牲の獣が足先にいたるまで全身ががたがた震えていなかったら、アポロンはなんの回答も与えてくださらない」という。このあといよいよ神殿に入るわけだが、入ってからさらにもう１度犠牲を捧げることになっている。これは、神託の伝えられる内陣（アデュトン）の入口でおこなう（内陣は神殿の至聖所で、許可を得

神託を求めるなら危険は自己責任で。

た者しか立ち入ることができない。そもそも「アデュトン」という語じたい「入ってはならない」という意味なのだ)。その後、質問者は個別に呼ばれて「プロペテス」から神託を伝えられる。プロペテスの役割は、神がその道具たるピュティアを通じて下された言葉の解釈を助けることである。

ただ予言の場合のみは、神の摂理が害悪をなすというのも、同じく信じがたいことである。

――プルタルコス『モラリア』巻4

謎めいた地下の洞窟から不思議な蒸気が噴きあがり、薬に酔った女予言者が意味のわからないことをわめき、それを世慣れた解釈者が「説明」する――のを期待していたら、がっかりすることになるだろう。

実際には、質問者からは女予言者の姿はまったく見えない。女予言者すなわちピュティアは地下にいて、柵で外界から切り離されているのだ。しかも予言者といってもごくふつうの女で、それが精密に方位を合わせた三脚台の前に座っているだけだ。この儀式の前半で、女予言者は山から湧き出るカスタリアの泉で身を浄め、アポロンの祭壇で月桂樹の葉と大麦を燃やす。そしてその部屋で瞑想をし、月桂樹の若枝を片手に持ちながら、質問を受け取ったときに訪れた言葉とまぼろしを叫ぶのである。

地質学という超自然的な知識が質問者自身にあれば、パルナッソス山が石灰岩の塊だということ、したがってその地下には炭化水素が溜まっているであろうと考えをめぐらすにちがいない。カスタリアの泉が湧く地下においては、その影響で甘い香りのエチレンガスが発生している可能性がある。エチレンを少量吸入すると、感覚が鋭くなったような気がし、軽い多幸症の状態が引き起こされる。たとえば託宣と託宣のあいだに、このガスが地下の部屋にためられていたとすれば、奇跡をもたらす導管として有用なのはまちがいないだろう。

> それはときどき、しょっちゅうでもなくまた決まった時間でもなく、あたかも偶然のように起こる。神託による答えを求めて訪れる人々は、それを待っている部屋に香気が満ちるのに気がつく。その香気、その芳香には、この世のどんな香水もかなわない。　　　　――プルタルコス『モラリア』巻4

ピュティアのアポロン。音楽の神であり、オリュンポスの寵児であり、予言の神でもある

ピュティアの幻視はあいまいだったり断片的だったりするので、解釈者はそこからできる範囲で意味を汲みとらなくてはならない。そんなわけで、リュディアのクロイソス（巨万の富で知られる）が訪ねてきて、ペルシアを攻めるべきかと尋ねたとき、攻めれば大いなる帝国が倒れるだろうというのが神託だった。あいにくアポロンは教えてくれなかったが、その倒れる帝国というのはじつはクロイソス自身の帝国で、ペルシアのことではなかったのだ。しかし、クロイソスはしまいにそれをみずから知ることになる。おそらくいま託宣を待っているこのスパルタ人は、国から送り込まれた派遣団の一員で、アテネとの戦争を起こすべきかどうかお伺いを立てに来たのだろう。アポロンはその問いに答えて、もし戦争を起こせば、アポロンはスパルタ側

に味方するだろうと告げることになる。そして1年後に戦争が始まったとき、神はその約束を守り、疫病の矢を放ってアテネの人口を激減させるのだ。

しかし、三段櫂船という「木の砦」を信頼せよと告げて、神託はまたアテネを助けたこともある。アテネはそのおかげで、サラミスの海戦においてペルシア軍を破ることができた。神託はまた風に祈れと忠告もし、その直後に大嵐が来てペルシア艦隊は大損害をこうむっている。

おそらくこれから旅に出ようという旅人にとって、デルポイから受け取れる最高の助言は、時の試練に耐えて生き残ったふたつの格言だろう。第1は「なんじ自身を知れ」

デルポイ豆知識

†ある羊飼いが谷に入ってまぼろしを見たことがきっかけで、ここに神託所が創建されたと言われている。

◎

†デルポイの神託所はホメロスの『オデュッセイア』にすでに描かれているから、少なくとも前800年にさかのぼる。

◎

†他の人の代理でお伺いを立てた場合は、答えは文字の形で渡されるが、その他の場合はつねに口頭で伝えられる。

◎

†神託は真実を明かすものでも、隠すものでもない。その見つけかたを示すもの、それが神託である。

◎

†スパルタのリュクルゴス［前8～9世紀？］は、スパルタの国制を定めるさいに神託にお伺いを立てた。

で、まだ若いころのソクラテスに与えられた助言だと言われている。第2は「なにごとも過ごすなかれ」、これはまちがいなく旅の荷物に当てはまる。なにしろボイオティアの平原に向かい、さらに野を越え山越えてアッティカまでつらい悪路を運んでいかなくてはならないのだから。時間が許すなら、途中のヘリコン山にも寄ってみよう。ここは詩神（ムサ）の住まいであり、名高いヒッポクレネの泉が湧いている。後世の有名なロマン派の詩人たちは、この泉に誘（いざな）われて詩想を得たと主張することになるわけだが、旅人として行きずりの恋に誘われた場合は、ボイオティアの女はその美貌で、男はその愚鈍さで知られるということを憶えておこう。しかし、たとえこれが事実だったとしても、一般論は現実の手引きとしてはあまり当てにならないものである。

アッティカ

パルナッソス山とヘリコン山はいずれもパルナッソス山地の山だが、ボイオティア平原の東端まで来て、旅人はまたこの山地に行く手をはばまれる。しかし、その峠を越えれば、もうアテネに着いたも同然だ。実際、この道（アッティカに至る主要な3本の道のひとつ）の**はた**には国境の要塞パナクトンがあって、若いアテネ人が軍事訓練の一環として守備隊員を務めている。アッティカは半島であり、制海権はアテネが握っているわけだから、アッティカで陸上の防衛が必要なのはこの北西の国境だけである。これらの要塞がアテネ市じたいから何キロも離れていることを考えると、アテネがたんなる都市ではなく、ひとつの国家であることが実感される。また、アテネ人のほとんどがアッティカという土地に住んでいるということも思い起こされる。市内には商業の盛んな区画もあるのだが、ほとんどのアテネ人は、古代人の例にもれず市の城壁の外で暮らしている。アテネ市におもむくのは投票のためか、あるいは地元の市場で手に入らない商品を買うためだ。大きな祭があるときにも出かけていくものの、多くの「アテネ人」にとって「故郷」と言えば、それは自分の登録されている「区（デモス）」すなわち地域共同体のことだ。アテネにはそういうデモスが140ほどあって、その人口は100人ほどから数千人とさまざまで、それが面積2400平方キロのアッティカ全体に散らばっている。

アテネ人は、高度に拡大された血族集団（「プラトリア」）に帰属する者として自己を認識している。プラトリアはしばしば特定の氏族（「ゲノス」）とそのデモスによって規定される。デモスに所属することはアテネ市民にとって必須の条件であり、名前の一部にすらなっている。だから、アテネ人が自己紹介をするときは、たとえばヒッパルコスの子、アラペン区のクレオンなどと名乗るわけだ。アテネ人はまた10の部族に分かれている。この部族には伝説の英雄にちなんだ名がついているが、これは古い血統を示しているわけではない。この10部族は、前508年の政治改革のさいに新たに設けられた区分なのだ。なお、デモスがいまの形に組織化されたのもこの政治改革のときである。

アッティカは村と町からなる国だ。人々はたいてい共同

牛の家（アルファベット）がちんぷんかんぷんなあなたのために

ギリシア人は、文字をフェニキア人から学んだことをみずから認めていた。とはいえ、独自にいくつか変更を加えてはいる。第一に、母音を付け加えた。フェニキア文字には母音がなかったのだ。次に、多くの文字を自分たちの好みに合わせて簡略化し、その過程で字体を整えていった。これが可能だったのは、ギリシア文字が純粋に表音文字だったからだ。フェニキア文字はまだ一部絵文字でもあったのである。たとえば、「A」は「アレフ」すなわち「雄牛」を表わしていたし、「B」は「ベス」すなわち「家」を意味しており（たとえば「ベス・レヘム」は「パンの家」という意味である）、小さな丸屋根のふたつある家を描いた絵文字だったのだ。

ギリシア文字は世界最古のアルファベットのひとつであり、また最も長命なアルファベットのひとつにもなる。なにしろいまから2000年間もほとんど変化せず、21世紀まで生きつづけるのだ。そうこうするうちに、これらの文字はそれじたいで多くの象徴的な意味を獲得していく。たとえば神秘の数字パイ（π = 3.14159）やオメガ（「アルファでありオメガである」と言えば、森羅万象の始まりと終わりを意味する）がそうだ。ギリシア文字を見ていると頭がこんがらがってくるという人は、近くのパン屋に行ってミートパイ（イータ・ビ（ベ）ータ・パイ）を食べ、こんな面倒なことはすっぱり忘れてしまおう。

アルファベット

Α	α	アルパ（アルファ）	Ν	ν	ニュー
Β	β	ベータ	Ξ	ξ	クシー
Γ	γ	ガンマ	Ο	ο	オミークロン
Δ	δ	デルタ	Π	π	ピー（パイ）
Ε	ε	エプシーロン	Ρ	ρ	ロー
Ζ	ζ	ゼータ	Σ	σ	シーグマ
Η	η	エータ	Τ	τ	タウ
Θ	θ	テータ（シータ）	Υ	υ	ユープシーロン
Ι	ι	イオータ	Φ	φ	ピー（ファイ）
Κ	κ	カッパ	Χ	χ	キー（カイ）
Λ	λ	ラムダ	Ψ	ψ	プシー（プサイ）
Μ	μ	ミュー	Ω	ω	オーメガ

体のなかで暮らしているから、ぽつんと離れて建つ農家はめったに見かけない。裕福なアテネ人の一家が、あちこちにばらばらの土地を所有するのは珍しいことではなく、これは結婚や死や経済状態によってたえず変化している。しかしそういう土地は、ほぼ例外なくその家族が属するデモス内にある。また、デモスはたんなる政治単位ではなく、デモスがちがえばその成員の性格や外見も異なるほどである。

特定のデモスで事業を営むなら、デモス長（デマルコス）の後ろ盾があればなにかとやりやすい。デモス長は選挙で選ばれる役人で、いわば市長の役割を果たす。デモスの重要な活動を監督し、成年に達した若者を登録し、民会で投票するにふさわしいかどうか判断するのがその役目というわけだ。デモス長に選ばれる男（ギリシアでは公職者はすべて男性である）は、有力な縁故をもつ共同体の重要人物と決まっているから、ぜひとも知己になっておきたい。

> イカリア人とイカリア人のデモスは、ディオニュソスの祝祭および競技祭を立派に挙行した業績を称え、デマルコスたるニコンを顕彰する。　――イカリアの碑文（1888年発見）

アテネ市じたいは国際色豊かな都市だが、アッティカの内陸部の人々は偏狭でよそ者に慣れていない。このあたりの乾燥した低地は耕作には不適だ。なにしろパルナッソス山地の一部をなす岩の尾根で平地は細かく分断されていて、この特徴的な地形はペンテリコン山――高いピラミッドのようにマラトンの野を見おろしている――までずっと続いているのだ。石ころだらけで表土が薄いため、地方部では農業以外の職業についている者が多い。たとえば木炭を焼いたり、石切り場で働いたり、革をなめしたりして生計を立てているわけだ。養蜂を営む者も多い。アテネ人はまた、自国のオリーヴの質を大いに自慢している。それどころか、オリーヴの木はアッティカ起源だと主張しているほどだ。

> アルカナイの老いぼれどもは粗野で乱暴で……マラトンで戦った古参兵だから、オークやカエデみたいに頑丈だ。きっとオークやカエデでできてるんだろうさ。
> ――アリストパネス『アカルナイの人々』180–81

海神ポセイドンと女神アテナがアテネの守護神の地位を争ったとき、男はポセイドンに投票したが、女の票に負けたと伝えられている。そこでアテナが守護神に選ばれ、この国にオリーヴの木を贈ったのだという。

アテネはしょっちゅう必要に迫られて小麦を輸入している。輸入元はふつう黒海沿岸の植民市で、そちらのほうがはるかに小麦はよく育つ。にもかかわらず、農業は理想の職業とされていて、アテネ人はみな地主になりたがる。幸い、アッティカの地方部が多様なのと同じく農地の質も多様であり、広さや地味に応じて、10から500ドラクマまで畑はさまざまな値段で売られている。

アッティカには緑の草地はほとんどなく、したがって牛はめったに飼われていないが、道路わきの低木の林や休閑中の畑には羊やヤギが放し飼いにされている。また数頭の豚が木立のなかで土を掘り返したり、家の裏の小屋に寝そべっているのを見かけることも多い。このころはまだオレンジは知られていないが、日当たりのよい斜面のぶどう畑では、ギリシア世界でも指折りのワインが生み出されている。

アッティカではイチジクがよく育つが、それも一部の地

農夫が犂で耕し、そのあとに妻が種を蒔いている。

域だけだ。その地域が富者に買い占められたら、イチジクが外国に輸出されて一般民衆の口に入らなくなってしまうから、初期の立法者ソロン〔前638～558ごろ〕はアテネの干しイチジクをギリシア外に輸出するのを禁止した。そのため、違法なイチジクの輸出を通報することが当局に取り入るよい手段になり、おかげで以後はずっと、シュコパンテス（「イチジクを見せる者」の意、英語でおべっか使いを意味するsycophantの語源）と言えば権力者にへつらう人を意味することになる。

ヘルメス柱像を横から見たところ。その驚くべき特徴がよくわかる。

アッティカの道を行くと、しばしばヘルメス柱像に出くわす。これは旅と商売の神ヘルメスを表わしたもので、たとえば各デモスとアテネ市を結ぶ道のちょうど中間点などに置かれている。上部は神の胸像だが、本体は方形のブロ

そのときまでわしはじつに楽しく生きておったんだ。素朴で単純な田舎暮らしで、蜜蜂と羊とオリーヴのそばにいつでも好きなときに寝ころがって。

――アリストパネス『雲』53、ストレプシアデスのせりふ

ックで、そのなかほどにはあっと驚く感嘆符のように、屹立する男根が突き出している（幸運と豊穣の象徴なのだ）。そしてその下には、こんな趣旨の警告が刻んである——「よこしまな考えを抱かず、行くべき道を進め」

道路は混雑しているが、大半は荷車や歩行者だ。市場向け菜園農家は、収穫した野菜をアテネ市に運び、商人はデモス内の個々の市場に向かう。またふつうのアテネ人も、仕事や遊びのために驚くほど頻繁にアテネ市を訪れている。そのために往復30キロを歩くのも大して気にしない。サンダルを履いて旅する者もいるが、多くは裸足だ。屋内では裸足が当たり前で、なかには一生履物を知らずに過ごす者もいる（とはいえ、アテネ市に近いデモスのなかには、成員の多くが実際にはデモス内ではなくアテネ市に住んでいることを認め、デモス集会を定期的にアテネ市で開いて、わざわざ歩いてくる手間を省いているところもある）。またデモスからデモスへ旅するアテネ人もいる。各デモスも独自に文化的・経済的・宗教的な活動を盛んにおこなっているのだ。季節によっては、スニオン岬やラムヌスやエレウシスなどの聖地に、アテネ市に劣らず多くの人々が集まることもある。

デモスの生活を経験したければ、ラムヌスに行ってみてはどうだろう。ラムヌスはマラトンの少し北、小さい静かな湾に面するデモスだ。ラムヌスの神殿と聖域（北の共同墓地を少し過ぎたあたりにある）は一見の価値がある。祀られている女神ネメシスに用がある場合はとくにそうだ。ネメシスは罪びと——なかでも高慢や尊大の罪を犯した者——に神罰を送り届ける神なのである。彫刻家アゴラクリト

アッティカ豆知識

†アッティカの多くの区(デモス)には、花や植物にちなんだ名がついている。

◎

†子供たちは7歳になるとデモスの名簿に登録される。

◎

†戦勝記念碑は「トロパイオン」と呼ばれる。現代の「トロフィー」の語源だ。

◎

†アッティカの距離の単位はスタディオン（およそ185メートル。これは現代のスタジアムの長さを計れば確かめられる）である。

◎

†アリストパネスの『アカルナイの人々』では、アカルナイ区の連中は戦争好きだから、それにふさわしく軍神アレスを祀った立派な神殿があると言われている。

◎

†酒神ディオニュソスは、エレウテライ区の生まれとされている。

◎

†アッティカには、ペリクレス時代の少なくとも5000年前から人が居住していた。

◎

†マラトン湾は、キュノッスラ半島が北東風をさえぎるので、アッティカに攻め入ろうとする艦隊にとってはよい停泊地である。

ス作の女神像は必見。極上のパロス島産大理石から作られているが、この大理石はペルシア軍が侵攻してきたときに持参したものだ。アテネをとうぜん征服できると自信満々で、勝利の記念碑を刻むために運んできたのである。

この聖域からは、息を呑む湾の景観が楽しめる。とくに、復讐の女神の御心を和らげて、ようやく心の平和を見いだした人にとっては格別の眺めだろう。アッティカに急いで着きたい場合にも、ラムヌスはありがたい町だ。小さな港があって、主として近くのエウボイア島から穀物を輸入するために使われているのである。ラムヌスには体育場(ギュムナシオン)、劇場、アクロポリスがあり、アテネ市じたいに足を踏み入れなくても、アテネ人が豊かで充実した生活を送れることがわかるだろう。

マラトン

ラムヌスから南西へ12キロほど行くと、アグリエリキ山近くの狭い平地にちんまり収まるように、もうひとつ小さなデモスがある。ここの畑はじゅうぶん水やりがなされていて、育てた野菜は65キロほど離れたアテネの市場で売られている。この小さな市場町の静かなたたずまいからは想像もできないが、1世代前には、西欧文明の未来を左右するできごとがここで起こっていたのである。

ここからさらに南へ1キロ半ほど、アテネからの主要道路を目指してぶらぶら歩いていくと、アグリエリキ山が海に迫るあたりで、道路のそばにあるヘラクレスの聖域に出くわす。アテネ軍の重装歩兵——大きな丸い盾(ホプロン）を持つことからホプリテスと呼ばれる——が集結し、ペルシアの大軍と対峙したのはこのあたりである。このときかれらの祖国は強大な敵に圧倒されようとし、アテネの革新的な文化と政治のかがり火は、あかあかと輝きだすまもなく踏み消されようとしていた。

ペルシア軍は8スタディオン先に戦列を作っていた。弓兵が矢を弓につがえ、ギリシアの重装歩兵がペルシアの戦列に達する前になぎ倒そうと待ち構えている。ところが予想外にも、弓兵が矢を放ちだすや、アテネ軍はいきなり猛然と走りだした（競技祭などで、完全武装で競走をしてきた成果が発揮されたわけだ）。矢の斉射は突撃する兵士の頭上を飛び越え、ギリシア軍は軽装のペルシア歩兵の前列に突っ込んでいった。

戦闘がおこなわれた地点は簡単に見つかる。マラトンの野のまんなかに大きな築山（ソロス）がそびえているからだ。ここには192名のアテネ軍の戦没者が葬られている。ふつう戦死者は市内に埋葬されるのだが、この英雄たちは、その栄誉を称えて斃れたその場に葬られたのである。そしてその記念碑——直径は50メートル近く、高さは9メートルほど——は平野じゅうほとんどどこからでもよく見える。

アテネ軍勝利の突破口となった戦列の翼側があった箇所には、《トロペ》と呼ばれる勝利の記念碑——美しい大理石の柱が高くそびえている。そこからさほど遠くないところに浅い溝が長く伸びているが、これは6000を超すペルシア兵の遺体が無造作に投げ込まれた場所である。またアテネ軍の指揮官ミルティアデスの墓もべつに築かれている。ここで戦死したわけではないけれども、のちに亡くなるさいに、生涯でとくに大きな勝利を収めたこの地に葬られることを本人が希望したからだ。

戦闘の記念品が欲しければ、カラドラ川を渡って、向こう岸の広大な湿地を探せばよい。勝ち誇るアテネ兵に追われ、何千というペルシア兵がこの湿地に逃げ込み、船にたどり着けなかった者はここで死んでいるのである。スポーツ好きの男性なら、裸になってマラトンからアテネまで走ってみてもいいだろう。勝利の報を市に伝えたペイディッピデスの故事にちなむというわけだ（もっとも、ペイディッピデスは疲労のあまり死んだそうだから、あまり真剣にまねするのはお勧めできない）。スパルタとちがって、アテネでは女性は絶対に、なにがあろうと裸で運動したりしないので注意しよう。

もっとふつうの手段でアテネに向かいたいなら、マラトン湾を行き交う漁船を雇い、スニオン岬をまわる船旅を楽しもう。途中では、岬に建設中の壮麗なポセイドン神殿も眺められる。

ミルティアデスはここにわが像を建てた。私はヤギ足のパン、アルカディアの神であり、メデイア人の敵にしてアテネ人の友である。
——マラトンのパン像への献辞

第2章 ペイライエウス（ピレウス）

港 § ペイライエウスの住民 § 長城

港

ペイライエウスのある山がちの半島は、コラ（地方部の意）と呼ばれるアテネの領域の一部であって、アテネ市そのものの一部ではない。またここはもうひとつのデモスでもあるが、ただし一般のデモスより大きく、きわだって特異な性格を帯びている。ペイライエウスがアテネの主要な港として使われはじめたのは、わりあい最近のことである。すぐ東にパレロン湾という広々と開けた湾があって、ペルシア戦争まではここがその役目を引き受けていたのだ。しかし、ペイライエウス本港の外周部に戦闘用の三段櫂船が群がっていることからわかるように、アテネはいまでは一大海軍国であり、それに見合った港湾施設が必要になった。海軍力のおかげでアテネは海上貿易の恩恵に

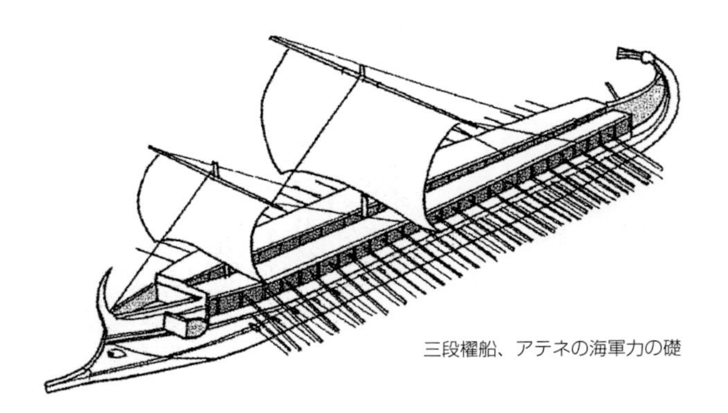
三段櫂船、アテネの海軍力の礎

も浴するようになり、いまでは世界中の産品が市場に流れ込んでくる。そしてその入口がペイライエウスというわけだ。勢い規模も人口も拡大の一途で、いまではアテネ市本体に肩を並べるほどの大都市になっている。

ペイライエウスの主港はカンタロスだが、半島をはさんで東にはゼアとムニュキアというほぼ円形の小さな港がある。カンタロスに入るさいには、右手の岬に立つ飾りけのない白い大理石の柱を探そう。これはテミストクレスの墓標だと言われている。テミストクレスはペルシア戦争のさいに知謀を発揮したが、のちにアテネを裏切って敵国に走

わが都市には世界中の品が集まってくるのだから、外国の産品を地元のそれと同様に楽しむのは自然なことである。
——ペリクレスの言葉（トゥキュディデス『ペロポネソス戦史』2・38）

った。しかしその死後、遺骨が密かに母国に戻され、ここに埋葬されたとささやかれている（うわさが本当かどうか確認する破目に陥らないよう、アテネ当局は細心の注意を払っている）。この柱が見えてくると、商船は港に向かう他の船との相対的な位置関係をすばやく計算し、ここぞとばかりにスピードをあげてできるだけよい停泊地を確保しようとする。つまりたいていの場合は、港の外寄りにある艇庫の前を過ぎ、奥の商港の波止場、とくに東側の交易所（エンポリオン）の埠頭にあきを探すという意味だ。近くに大きな列柱館（ストア）が5棟建っていて、エジプト、ペルシア、シュラクサイからの積荷の倉庫として、またそれを取引する商人の事務所としても使われている。

> なんでもだ、干し魚、ワイン、タペストリー、チーズ、蜂蜜、胡麻、クッション、細口酒壜（フラゴン）、贅沢な服、首飾り、首環、酒杯、快楽と健康を生み出すものならなんでも。
> ――アリストパネス『蜂』676-77、ブデリュクレオンのせりふ

これらの埠頭からは渡し船も出ていて、サロニコス湾［ペイライエウスの面する湾］を渡って30キロほどのアイギナ島まで旅客を運んでいる。渡し賃は2オボロスだが、ちょっと足を伸ばしてこの島の同名の都市を訪ねてみるのも悪くない。とくに壮麗なアパイア神殿は見ておきたい。この神殿とパルテノンとを結び、さらにスニオン岬のポセイドン神殿とを結ぶと、ちょうど正三角形をなしている。アイギナへの渡し船とはべつに、サラミスに渡る船も出てい

商品の重さを測る港の商人。アテネは貿易の一大中心地だ。

る。海峡を渡ればそこは、マラトンとテルモピュライでの合戦のあと、ペルシア軍相手の天下分け目の海戦がおこなわれた場所だ。

交易はペイライエウスの存在理由だ。このデモスの勤勉な住民たちのおかげで、エウクセイノス（黒海地域）の穀物や干し魚、シケリア（シチリア）のチーズ、東洋の珍しい香辛料や絹地、ペルシアのスリッパなどなどをアテネ人は入手できるのである。材木——アテネではなかなか採れない——はクレタやアフリカ、シリアから輸入されている。これは、アテネの建築ブームのためだけに輸入されているわけではない。数メートルおきにずらりと並ぶ、大型で幅広の船のためにも必要なのだ。というのも、船と船が一定の幅をあけて停まっているのは、太い横桁が突き出しているからで、その桁からは大理石の柱材が吊るしてあるのだ。柱材はそれぞれ重さが５トンほどあるが、船の排水量を減らすために完全に水中に沈めてある。この柱材は最終的には都市の列柱館（ストア）や神殿に使われるのだ。また贅沢品を積みおろしている船もある。高価な染料や織物が輸入されるようになって、長年のうちに男性の衣服——女性の衣服は言うまでもない——にもさまざまな珍しい色彩が使われるようになり、いまではすそに豪華な装飾や凝った意匠の縁取りの入った服が増えてきている。輸入品の大半は、アテネ第一の市場であるアゴラに運ばれるが、港でも取引は盛んにおこなわれている。港に新たな船が入ってくると、商人たちはすわとばかりにその新顔と直接取引しようとし、それで競争相手を出し抜こうとするわけだ。

カンタロス港は商業の中心地としてのペイライエウスの顔だが、倉庫や取引所をあとにして内陸に向かって東に進んでみよう。500メートルほど人通りの多い道を歩いていき、小さな工房から響く金物の音を聞き、なめし革のにおい、パンを焼くにおい、そして人口は多いのに下水施設の乏しい地域に特有の悪臭を嗅いでいくと、岬を横切って反対側の岸に出る。するとそこに見えるのは、帝国アテネのむき出しの軍事力である。ここゼアはアテネ海軍の主要な軍港なのだ。カンタロスの港口に群がる三段櫂船は壮観だったかもしれないが、ゼア港にはそれに加えて196隻の船が停泊できる。その停泊地の向こうには、小山と見まがう巨大な兵器庫がそびえていて、兵器だけでなく船の索具も収められている。この港はすぐそばで見物することはできない。塀で囲まれていて、特別な通行証がなければ番兵がなかに入れてくれないのだ。

ペイライエウスで用を足してる男が見えるぞ。
身持ちの悪い女どもの待つ店のそばで。
——アリストパネス『平和』185-88、トリュガイオスのせりふ

ペイライエウスは、傑出した都市建設者だったミレトスのヒッポダモスが都市計画を担当した都市で、規則的な模様を描く敷石の通り、兵器庫のそばにあって大にぎわいの壮麗なアゴラは彼の遺産である。ゼア港を訪れたら、海岸に近接するプレアットスの法廷を訪ねてみよう。恐ろしく奇妙な裁判のもようをかいま見ることができるかもしれない。この法廷では、アテネから亡命中の人々の訴えが審理されるのだ。亡命者たちはアテネに戻りたいと裁判官に訴える——岸辺に停泊中の船のうえから。

ペイライエウスは、たんに貿易と戦争の町ではない。自前の劇場があり、またムニュキア近くの丘にはアルテミスの聖域がある。ちなみにムニュキアはペイライエウス第3の港で、軍船だけでなく地元の商船にも利用されている。このあたりに神殿がひしめいているのは当然で、危険な海上貿易で生計を立てていれば神にすがりたくなるのも無理はない。外国の神を拝みたい向きには、国際色豊かなペイライエウスのこと、ほとんどどんな要望にも応じられる。

たとえばトラキアの月の女神ベンディス、エジプトのイシス、フェニキアのバールの神殿まであるのだ。

ペイライエウスの住民

比較的新しい都市でありながら、ペイライエウスはもう人でいっぱいで、雰囲気はあくまでも実際的だし、また少なからずごみごみしている。波止場には売春婦が列をなしていて、昔ながらの挨拶で船乗りたちを迎え、憤懣やるかたない商人の言葉を借りれば「穀物の積みおろしに雇った労働者を骨抜きにしている」。アテネでは最も見下されている社会階層の人々も、一部ペイライエウスに住み着いている。穀物の積みおろしをしている労働者は奴隷かもしれないが（これは実際にほとんどそうだ）、金欠で進退きわまった自由民も混じっている。これは自尊心を押し殺さなくてはできないことだ。他人に使われたら自由民の面目丸潰れ、というのがアテネ人の考えなのである。こういう「人はみな自分の主人」という思想から、ペイライエウスには個人事業主が多い。多くは小さな工房で、事業主である職人とその家族が、金属を加工したり陶器を焼いたり革製品を作ったりしている。大規模な企業はほとんど見当たらない。いまは海軍の拡張と大規模建築計画が進んでいるため、職人の多くは公共事業を請け負っている。これがアテネ市民にとっては頭痛のたねだ。腕のいい配管工はなかなかつかまらないし、家のドアを取り替えたくても引き受けてくれる人がいないのだ。

> お気づきでしょう、他人のために次から次に家を建てていながら、自分の家は建てられなくて、間借りして暮らしている大工や石工は何十人といるではありませんか。
>
> ──クセノポン『饗宴』4

社会階層的には商人は職人より一段上だが、アテネ人は商人を本能的にうさんくさい人種と考える。自分で直接なにかを作り出すのでなく、ある人の所有物をほかの人の手に移動させるだけで、利益をどうしてあげられるのか、安く買い叩いているか高く吹っかけているにちがいない、というわけだ。だから商人はたいていメトイコス（居住権を持つ外国人）である。

アテネでは、生まれつきのアテネ人にしか市民権は与えられない。かれらは原生人種を自称している。「原生」とは文字どおり「大地からひとりでに生じた」という意味だ。もっと正確に言うと、ヘパイストス神の精液によって大地が妊娠し、そこから生まれた男だというのである。いささか興奮しすぎたヘパイストスが、せっかちに望まれもしない供物を捧げてしまい、それをアテナ女神が足から拭って捨て、それで……という伝説があるのだ。ちなみにアテネの女は、世界初の女であるパンドラ（パンドラの箱のパンドラである）の子孫とされている。

アテネ人かどうかは生まれつき決まっているというわけだから、両親がアテネ人でなければアテネ人にはなれない。犬が猫になれないのと同じだ。だから在留外国人（メトイコス）と言っても、アテネで生まれて信仰も見た目も習慣もアテネ人と見分けがつかない人もいれば、こちらへ来て半年にもならないフェニキア人やコリントス人やエジプト人もいる。まさにいろいろだ。ただ、どんなメトイコスであろうと、アテネ人の後援者が必要なことに変わりはない。つまり、当局と交渉するさいに、そのメトイコスのために個人的な賓客接待者(プロクセノス)の役割を果たす人が必要なのだ。またメトイコスには、アテネに居住する特権が認められるかわりに特別な税金が課せられ、これが払えないと奴隷にされることがある。傑出した貢献を称えて市民権という特権を与えられる人もいるが、ほとんどのメトイコスは人間として一段下とアテネ人に見下されている。その証拠に同じ殺人でも、被害者がメトイコスのときは市民のときより刑罰は軽くなる。

このような不利益にもかかわらず、アテネには外国人がひじょうに多い。アテネの活発な知的・経済的な活動が外国人には抗しがたい魅力なのだ。ペイライエウスではアテネ人よりメトイコスのほうがずっと数が多く、そのため6キロほど北西の中心市より、ここのほうが開放的で国際的な活気ある都市になっている。

女性——アテネでは女性蔑視が幅をきかせているが、そのことはアテネ市に着かないうちからもう明らかだ。

> 私は幸運だ。獣でなく人に生まれ、異邦人(バルバロイ)でなくギリシア人に生まれ、女でなく男に生まれたのだから。
>
> ——ミレトスのタレス(前585年)

アテネ豆知識

†カンタロス港の艇庫には、100 隻近い軍船を収納できる。

◎

†艇庫が必要なのは、三段櫂船は耐航性がそれほど高くないため、冬季は海に出られないからである。

◎

†アテネで他の追随を許さぬ最大の「工場」は盾の製造所だが、それでもそこで働く奴隷はたった 100 人ほどである。

◎

†ペイライエウスには、北西の城壁のすぐ内側に採石場がある。この城壁にはこの採石場の石が多く使われている。

◎

†ペイライエウスには前2500年ごろから人が住んでいた。

◎

†先史時代、ペイライエウスは島だった。

◎

†カンタロスは、地中海最大の天然の港のひとつである。

◎

†距離的には近いものの、アイギナはかならずしもアテネとの関係は良好ではなく、そのためペリクレスに「ペイライエウスの目のうえのたんこぶ」と呼ばれた。

◎

†海上貿易を手がけるのはふつう商人（エンポロス）

で、船主（ナウクレロス）は商人に積荷のスペースまたは船を1隻まるごとリースするだけである。

◎

†カンタロスは「壺」の意。港の形状からこの名がある。

◎

†ゼアはペイライエウスで2番めに大きな港で、幅は500メートルほどである。

◎

†ズボンをはいていなくても、異邦人（バルバロイ）は垢抜けない話しぶりですぐわかる。耳に快い流れるようなギリシア語とちがって、異邦人の言葉はがさつな「バルバル」という音が耳につく。これが「バルバロイ」の語源になっている。

女性の世界は家庭という私的な領域にあり、奴隷を監督し、子供を育て、炊事をし、機を織るのが仕事だ（アテネでは、どんな階級の女性もたえず機織りをしている。最高執政官（アルコン）が法廷で審理をしているとき、その妻は機織りをしているし、売春宿の売春婦もひまな時間には機織りをする。女の子は幼いうちから機を織り、羊毛を紡ぐことを学ぶ——なにしろ、アテナ女神像の聖衣は市民の女子によって作られ、女神は毎年新しい聖衣に着替えさせられるのだ）。女性は投票できないばかりか民会に出席することさえできず、法的な係争のさいには父または保護者がその主張を代弁する。どんな理由であろうと、女性が法廷に姿を現わすのは不名誉なことなのだ。

アテネでは「母と子」は壺絵に好んで描かれる画題だった

のちに（悪）名高い高級娼婦（ヘタイラ）のプリュネが瀆神のかどで告発されたとき、アテネ人は衝撃と困惑をこもごも感じることになる。娼婦のプリュネには多くの愛人がいたが、彼女の弁護人にして代弁者のヒュペレイデスもそのひとりだった。弁論だけでは陪審を動かせそうもないとわかって、彼女はやむなく法廷に姿を現わした。ヒュペレイデスはその上着をはいで乳房をあらわにすると、これほど明らかに

称賛であれ非難であれ、人の口に名前がのぼらぬことが女の誉れである。
——トゥキュディデス『ペロポネソス戦史』2・45、ペリクレスの言葉

「アプロディテの似姿」であるような女性を、だれが瀆神の罪でとがめることができようかと論じた。陪審は「神への畏怖」に打たれて無罪に票を投じたのである。

プリュネ本人は、平均的なアテネ男性の希望的観測を女性がいかに打ち砕いていたかを示す好例だ。アテネの男性は、女性をふたつの型――きちんとした市民の家庭の女性(こういう女性と婚外交渉をもった男は、その夫や父親に殺されても文句は言えない)か、道徳観念など薬にしたくもない底辺の売春婦のどちらか――に押し込めようとするものだ。しかし実際には、アテネの女性はおしなべて、私的には自分の意見を押し通しているし(これはあとで見るが、ソクラテスは完全に奥さんの尻に敷かれている)、また男性を説き伏せて代わりに主張させることで、公的にも自分の意見を押し通しているのである。

女性の労働なしでは経済は立ち行かないから、ペイライエウスではあらゆる意味で女性は目に見える存在である。アッティカやその中心市アテネでは、立派なアテネの主婦なら人前に出るときは歩くテントも同然のかっこうだ。頭のてっぺんから足の先までペプロス(ピンで留めた毛布のようなもの)で覆ったうえに、ふつうは念のため頭からショールまでかぶっている。しかし、ほんとうにちゃんとした主婦なら、そんな格好ですら人前にさらすことはまずなく、言うまでもないことながら、自由奔放なペイライエウスに姿を見せることなどさらにない。ここでは労働者階級の若い娘たちが元気に魚をさばき、品のない軽口を叩きあい、市場の露店で働いているし、いっぽう売春婦は自分が

アテネの女性は四六時中
機織りをしている。

なにを売ろうとしているか隠そうともしないのだ。

奴隷——エンポリオンの埠頭では、商品のひとつとして人間も売られている。ギリシア人の例にもれず、奴隷制はこの世になくてはならないものとアテネ人は見なしている。1世紀後のアリストテレスなどは、ギリシアの核家族とは「夫と妻と奴隷」からなると定義しているぐらいだ。言うまでもないが、アリストテレスはアテネの貧民層は勘定に入れておらず、アッティカの多くの自作農は自由民の労働に支えられているという事実を無視している。しかし、他より平等主義的なペイライエウスにおいても、人口のおよそ4分の1は奴隷である。奴隷は他のアテネ人とほとんど同じ格好をしているから、たとえばアテネ市民中最下層の貧農（テス）と奴隷を見分けるのはなかなかむずかしい。目立つ特徴をあげるなら、奴隷は刺青をしていることが多い。これは蛮族としての過去の名残(トラキア出身の奴隷は、首に精妙きわまる刺青を入れていたりする)の場合もあれば、信用できない、つまりすぐに脱走しようとする奴隷のしるしとして主人に入れられる場合もある。

アテネの奴隷の境遇は、その奴隷の出自に大きく左右される。ギリシア人は同じギリシア人を奴隷にすることをいささかためらうものだが、それでもギリシア人奴隷はけっして少なくない。しかし、最も多く解放されるのはギリシア人奴隷だし、解放されないまでも市の行政機関で楽な仕事を与えられることが多い。それに対して蛮族は生まれながらの奴隷である。なぜならそれが蛮族というものだからであり、奴隷よりましな生きかたなどできないのはわかりきったことだからだ。

公共奴隷(デモシオイ)は奴隷のうちでは上流の部類に属する。アテネ市にはこの手の奴隷が数百人もいて、市場での公的な貨幣検査や法廷書記などの仕事をこなしている。公共奴隷はまたおおよそ警察に匹敵する役割も果たしており、そのなかには弓矢を持ったスキュタイ人が数多くまじっている。ペイライエウスの奴隷には、熟練の職人もいる。かれらは自分の工房で寝起きし、自由人とほとんど見分けがつかない。ただ、ときどき主人がやって来て、稼ぎのかなりの部分を徴収していくところがちがうだけだ。家内奴隷は細々(こまごま)した雑用をこなし、主人の仕事を手伝うことで商売を憶える。そういう奴隷は市場でよく見かけるが、これは奴隷を所有するほどのアテネの女性は、自分でわざわざ買物に出ようとはしないからだ。所有する者とされる者の関係は険悪な

アテネ人の主人のあとに従う奴隷の少年

場合もあるが、仲間意識はもちろん愛情すら芽生える場合もある。

いっぽう、富裕層の農地に集められて働く蛮族出身の奴隷には、ずっと過酷な日々が待っている。または売春宿に売られる不運な奴隷もそうだ（これは男性もいるが、やはり女性のほうが多い）。家内奴隷のなかには、そんな目にあうぐらいならと自殺を選ぶ者もいる。また最近では、自分が売春宿に売られると知った女奴隷が、いまの主人のために作る最後の食事に毒を盛ったという事件もあった。女奴隷が売春宿を恐れるように、男奴隷は鉱山に送られるのを恐れている。銀山こそが帝国の財政の屋台骨だから、ラウリオンの銀山で苦しみつつ死んでいく奴隷たちの犠牲のうえに、アテネ帝国は築かれているということになる。しかしそんな奴隷たちの姿は、アゴラで論じあう哲学者たちの目にはまったく入っていない。

長　壁

アテネはアッティカに支えられている以上に海に支えられている。だから地方部が侵入軍によって劫略されていようとも、ペイライエウスだけはなんとしても防衛しなくてはならない。アテネ市の城壁とはちがって、ペイライエウスの城壁は大車輪の突貫工事で築かれたものではない。ちなみに、「大車輪の突貫工事」でアテネの城壁が築かれたのにはこんな事情がある。アテネのもとの城壁はペルシア軍によって破壊されたが、そのペルシア軍がギリシアから撃退されたあと、城壁の再建は必要ないのではないかとスパルタが親切に申し出てきた。アテネの防衛はスパルタに頼ればいいからと言うのだ。勇猛な軍をもつ強大な国からのこの「親切な申し出」に、全アテネが危機感に駆られ、男も女も子供もわき目もふらず壁の突貫工事に取りかかった。とにかく急いでいたから、手あたりしだいどんな材料でも使った。歴史家トゥキュディデスによれば、「公私の区別なくどんな建築物であっても」使える石材は利用されたという。

狡猾なテミストクレス——このころはまだ人気があったのだ——は、壁の再建に干渉されるのを防ぐためにスパルタにおもむいた。彼の主張はおおよそこんなふうだった——「城壁？　だれがそんなことを？　ばかばかしい。その話は（ずっと）あとにしましょう。ええまあ、たしかに城壁は築きましたよ。高くて頑丈で立派に役に立つ防壁です。なにか文句がありますか」

いま見ても、アテネの城壁がやっつけ仕事だったのはわかる。基礎はさまざまな石材でできているし、形を整えもせずに、なんとか嵌まる場所を見つけて適当に押し込んである石もある。古い墓石が石碑のとなりに嵌まっていたり、彫像の一部や家屋からとってきた壁石も使われている。これを見れば、アテネ人についてさまざまなことが読みとれる。自分たちの都市を誇りに思っていることとか、いったんなにかが必要となったら、全身全霊を傾け、なにを犠牲にしても手に入れようとする性質とか。

コリントスの大使があるときこんな苦言を呈している。「欲しいものが手に入らないと、アテネ人は自分のものを奪われたかのようにふるまう。手に入ると、それをもとにべつの欲しいものを手に入れようとする。……休日とは有益な活動にいそしむ日のことと心得ていて、静かにくつろぐより刻苦勉励を好む。生まれつき静かな生活を送ることができず、また他人が送るのを放っておくこともできない」

ペイライエウスの城壁も、当初予定していた高さの半分にしかならない。しかし、こちらはもっと時間をかけて建設されていて、いまのままでもじつに堂々としている。なにしろ、もっと時間をかけたというのはもっと手間をかけたという意味だから。港を囲む城壁は全周12キロほどだ

彼［テミストクレス］はペイライエウスをこねてケーキにし、それを昼食として彼女［アテネ］に食べさせた。

——アリストパネス『騎士』185-86

が、壁のてっぺんは２台の荷車がすれ違えるほどの幅がある。通常の要塞なら、内壁と外壁のすきまには粘土や砂利を詰めるものだが、ペイライエウスでは大きな切石をすきまに入れ込み、鉄や鉛の留め金で固定してある。壁に沿って同一の形状の塔が並んでいるが、丸い塔はテミストクレスのもともとの設計、方形の塔は後代に付け加えたものだ。

ところであの壁は?

アテネの城壁が突貫工事で築かれたということは、築いた人がそれぞれ、手元の材料に応じて最適と思う方法で築いていったということだ。ここで、それと正反対の例をいくつかあげよう。

ペイライエウスを出てアテネ市本体へ行くさいには、頼もしい城壁の外へ出る必要はない。ペリクレスの指導する現政府は、多大な労働力と莫大な予算を投入して、両市を結ぶ７キロに及ぶ道のりを堂々たる壁で完全に囲っているのだ。ふたつの壁がおよそ200メートルの間隔をおいて平行に走り、そのあいだには広い道路が通っていて、その起点と終点は巨大な城門で固められている。この防壁はほかより時代が新しく、またずっと入念に築かれており、きれいに整形された大きな石が使われている。積みかたはおおむね乱積みまたは整層積みで、まだ新しいから石工のノミ跡が磨耗せずに残っているほどだ。この壁はいささか難工事だった。というのも、ケピソス川がアッティカ平原を貫いてパレロン湾に注いでいるのだが、その注いでいるあたりがムニュキア港の近くだったからだ。壁はペイライエウ

†**isodomic（整層積み）**……整形した石をレンガのように積む方法。ただしレンガとちがって石の重さはひとつ何百キロにもなる。時間と予算が許す場合に使われる方法。

◎

†**pseudo-isodomic（偽整層積み）**……高価な切石のあいだに、より小さくて安価な平らな石の層を挟み込んでごまかす方法。

◎

†**polyagonal（乱積み）**……不規則な形状の石を壁に当てはめ、その場所に合わせて刻んで積み上げる方法。アテネの城壁の多くはこの方法で積まれている。

◎

†**rubble（野積み）**……短期間に安上がりに壁を作る方法。石をだいたいの形に削って積み上げ、できあがった石の山にモルタルを塗りつける。

◎

†**trapezoidal（台形積み）**……実験的な技法で、上辺が長い石の「ブロック」と底辺の長いものとを交互に組み合わせて積み、それによって横からの衝撃に対する強度を高める。

スを出て2キロ半ほどのところでこの川を横切っているのである。川幅は広くはないものの、問題は岸の泥がかなり軟らかいことだった（南西の湿地にはなにも建てられないため、墓地として使われている）。西に面する外側の壁には番兵が立ち、武具をつけた重装歩兵の影が空を背景に浮かびあがって見える。

内側の壁に番兵がいないのは、こちらの壁に達するには東から攻撃せねばならず、まずはアテネからパレロンまでのびる一枚壁を突破しなくてはならないからだ。この壁と壁のあいだの平地は灌漑と耕作が行き届いていて、アテネが包囲されても、ここの菜園から貴重な生の青果を収穫できる。また、敵の大軍に住まいを追われてアッティカの住民が逃げてきたときには、長壁と長壁のあいだの土地が手ごろな宿営地に早変わりするのだ。

第3章 オリエンテーション

歩きかた § 滞在場所 § アテネの社会

あとで必要になるかもしれないから、あなたを泊めた家の主人たちのことをいろいろ教えてくれ。それから港のことやパン屋のこと、売春宿や飲み屋、水飲み場、通り、料理屋、それにシラミのいちばん少ない宿屋のことも。
——アリストパネス『蛙』133-39、ディオニュソスのせりふ

アテネで道に迷ったら、ヘブライ語の聖典の一節を思い出そう。「目をあげて山々を仰げ［旧約聖書詩編121］」ば、まちがいなくそこに助けが見つかる。市の大半の地域より90メートルほど高いので、アクロポリスの岩山は物理的にアテネに君臨しているのだ——その思想的な重要性によって、アテネ市民の精神世界に君臨しているのと同じく。

アクロポリスはもともとアテネの中心だったが、今日で

もアテネ人の心の拠りどころであり、またこれが最後となったときの要塞でもある。アクロポリスはてっぺんが平坦な岩山で、おおよそ東西に長い涙滴形をしており、中央南寄りには無類の美しさを誇るパルテノン神殿がそびえている。ちらとこのパルテノンを見あげ、それに対して自分がどちら側にいるか確認すれば、市内のどこにいても自分がどちらに向かっているかわかるというわけだ。

アテネの北東からは、市を囲む城壁の向こうに、魔女の歪んだとんがり帽子のようなリュカベットス山が見える。伝説によれば、アテナ女神がアクロポリスを作ったとき、余った建設材を捨てたのが市から１キロ半ほどの位置に落ち、それがこの小山になったのだという。

アクロポリスを眺めたとき、このリュカベットス山が左手に見えたら、市の北側にいて南を向いているということだ。ここからは、北風のボレアスが吹いているときはとくに、生粋のアテネ人なら目隠しをしていても道に迷うことはない。エリダノス川のにおいが導いてくれるからだ。この小さな川はアテネの北側を東から西に流れているのだが、流れるにしたがって都会暮らしが長くなり、それに比例してどんどん汚れていく。アゴラを過ぎ、ケラメイコス門を抜けて市外へ出るころには、語りぐさになるほどの強烈な悪臭を放っているのだ。

アテネは、もともとアクロポリスの周囲に発展した集落が拡大してできた都市で、地域のインフラストラクチャーがこれ以上の人口は支えきれなくなったところで、だいたいにおいてその拡大は止まった。この拡大の限界を示しているのが市を囲む城壁で、これをうえから見ると、てっぺん（北側）が目立って張り出してはいるが、非常に大雑把に言って楕円形をしている。この形状からわかるように、アテネ市内にいればアクロポリスはつねに1、2キロ以内の場所にあって、見逃したくても見逃しようがない。

市内を歩く

アテネでは通りに名前がついていないので、多かれ少なかれそこへの道順が住所代わりである。たとえば、ハグヌスのピロクラテスの家は、メリテ地区のヘラクレス社から伸びる道の南側にある、という具合だ。アテネにはあちこちに社（やしろ）があるから、それが便利な目印として使われている。ただヘラクレス社は何十もあるから、どの社のことなのかをもっと正確に言ったほうがよい。たとえばこの場合は「厄除けのヘラクレスの社」というように。都市によっては「神聖広場」を設けて、社をおおむね1か所に集めているところもある。どの神に捧げ物をするか、あらかじめ比較対照してから決められるというわけだ。しかしアテネでは、社も住宅も工房も劇場も法廷もみなごっちゃになっている。ふつうの住宅のそばに建つ神殿も多いから、お隣に神さまが住んでいるのも珍しいことではない。

ときには、社ではなく半神廟（ヘロオン）が目印に使われることもある。これは、伝説の英雄（たとえばテセウスなど）を称える記念碑のようなものだ。また、ヘルメス柱像や「ヘカタイア」が目印にされることもある。ヘカタイアは十字路や三叉路を守る女神ヘカテの柱像で、3面3体の特徴的な像なので、道順を教えるのによく使われている。住所を教えるにはこういう目印が組み合わせて使われるから、たとえばこんなふうに教えられたりする。「カリアンドロスの工房近くのヘカタイアのところで、戦神の丘（アレイオス・パゴス）の方向に曲がって、アポロン神殿近くの井戸のそばまで行ったら、右側のヘカタイアの面している通りにカリスタは住んでいる。家の前にはヘルメス像があって、その土台が欠けているのが目印だから」

古代の都市の例に漏れず、同業の職人はだいたい同じ地域に集まっている。ちょっと隣に声をかければ、ノミを借りたり、カップ1杯の花崗岩くずを分けてもらったりできるからだ。そんなわけで、刀工町とか、ヘルメス柱像作りの地区というように、それが街区の名前に使われたりする。陶工はひじょうに数が多いので、北西の地区は全体が陶工地区——ケラメイコス——と呼ばれているほどだ。もっとも、この地区の一部は城壁の外にも広がっていて、そこは墓地になっている。

アッティカはどこでもそうだが、アテネも区（デモス）に分かれている。北には人口の多いキュダテナイオン区があり、南西にはメリテ区があり、ほかにスカムボニダイとコイレという区もある。市内を流れる川や水道も道を知る助けになる。すでに残念なエリダノス川については見たが、ペイライエ

ディオドロスの財産
キュダテナイオン地区
アルテミス社隣
ポーチと2本の柱のある一軒家
——5世紀の財産目録、*Hesperia* 22所収、石碑6、78–79

左　兜に磨きをかける甲冑師

右　ヘルメス柱像の仕上げにかかっている彫刻師

ウス側にもそれに匹敵する大きな下水道がある。ただ幸いなことに、こちらはときどきふたがされている。また市の南側には1世紀前に建造された送水路があり、井戸水の不足を補っている。

アテネの主要な大通りを歩いていけば、たいていは城門またはアゴラ――アクロポリスの少し北西にある――に出る。たとえばパンアテナイア通り（パンアテナイア祭の行列道路）は、ディピュロン門のそばから出て、アゴラを突っ切ってアクロポリスのてっぺんまで通じている。その他の大きな道路としては、アゴラから北東のアカルナイ門に至る道のほか、アクロポリスとニュンペの丘にはさまれた谷間――ここは工房の建ち並ぶ活気ある地域だ――をくねくねと抜けて、西のペイライエウス門に至る道がある。

I　静かな威厳をたたえて立つ処女神アテナ（アテナ・パルテノス）。通例どおり兜をつけ盾を持っているが、槍は持っておらず、代わりに差し伸ばした手に勝利の女神をのせている。パルテノン神殿に安置されたこの黄金と象牙の像が最も有名ではあるが、アテナ女神の彫像や画像は市内には多数あふれている。

II　ゼウスの鷲の目で見たアテネ。北西から近づいてきたところ。城壁内にぎっしり家屋が建ち並ぶさまは、オリーヴの緑が点在するカーキ色のアッティカの大地と好対照をなしている。パルテノン神殿を戴くアクロポリスは、すぐにそれと見分けられる目印(ランドマーク)だ。

Ⅲ　パンアテナイア祭のときのアクロポリスの様子。前門（プロピュライア）からぞろぞろと入っていく参拝者の列を、右手から小さなアテナ・ニケ神殿が見おろしている。アクロポリスに入ると、参拝者の前には左手にエレクテイオン、そして右手には堂々たるパルテノンの正面が見える。

Ⅳ（上） アクロポリスからアゴラを望む。パンアテナイア通りは、十二神の祭壇、ゼウス・エレウテリオス列柱館、「王」の列柱館の前を通り、また右手に彩画列柱館を見る。その後はまっすぐに伸びて、遠くに見えるディピュロン門および聖門に続いている。奥に見える丘に建つのはヘパイストス神殿。

Ⅴ（右） アゴラの南西すみ。特徴的なトロスの「日除け帽」と、珍しいダイヤモンド形の屋根瓦が見える。そのそばに建つのは評議会議場。奥に見えるのは同じくヘパイストス神殿。

Ⅵ　もう少し近づいてみると、このアクロポリスの丘がたんなる神殿の集合体ではなく、難攻不落の要塞であることがわかる。切り立った斜面のおかげで、プロピュライアに至る傾斜路のほかに入り込む手段がないからだ。ちょうど50年前、アテネ守備隊がペルシア軍に対して最後の絶望的な抵抗を試みたのはこの丘の上でのことだった。ペルシア軍はアクロポリスの神殿を破壊したが、いまでは再建されて往時よりさらに壮麗に蘇っている。

テセウスについて

(テセウスはアテネで尊崇されていて、さまざまな場面で名前が出てくるから、このすねに傷をもつ英雄について多少は知っておこう)

◎

†母方の祖先に、ペロポネソスの名祖(なおや)のペロプスがいる。

◎

†まだ若いころに猛獣や山賊を退治して名をあげた。

◎

†みずから志願して、ミノス王に貢納される若者のひとりとなった。ミノス王は、定期的にアテネの少年と処女7人を迷宮で犠牲に捧げていたのである。

◎

†若者たちを殺していたのは、ミノスの継子で半人半牛のミノタウロスだった。

◎

†テセウスに恋をした美しいアリアドネから糸を与えられ、それをたどって迷宮の出口を見つけ、ミノタウロスを殺して脱出した。

◎

†帰国するとアテネの王に即位し、アテネ主導でアッティカを統一した。

◎

†アマゾン女族の女を誘拐してきて結婚し、来襲したアマゾン女軍と戦う破目になった。

◎

†50歳のとき、隣国から年端もゆかぬ少女を誘拐してきて逮捕された。

◎

†のちに釈放されたが、名誉回復は望めず退位に追いこまれ、逃げた先のスキュロス島で暗殺された。

◎

†1世代のち、遺体がスキュロスで「発見」され、アテネに持ち帰られた。

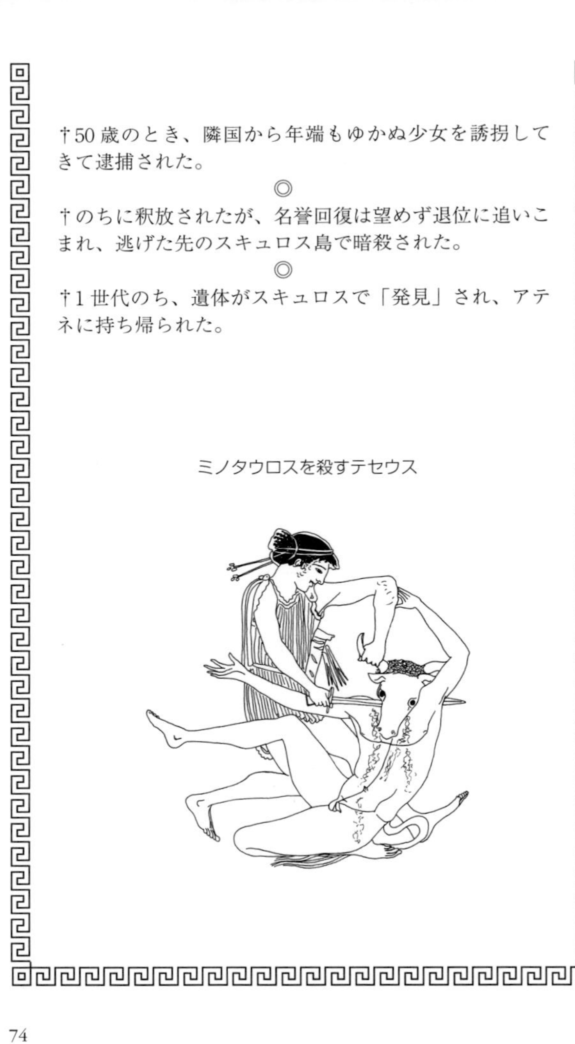

ミノタウロスを殺すテセウス

泊まる

人がアテネを訪れる理由はさまざまだ。目的は外交かもしれないし、宗教や社交、家族や仕事の関係かもしれないし、またそれらの組み合わせということもある。たとえば外交目的で来たのなら、滞在中に友人を作ろうとしなかったら外交官失格だ。しかし、前5世紀のギリシアはまだ安心して旅行できる場所ではないから、観光客用の設備などはまったく存在しない。市内に滞在場所のない人のために、レスケと呼ばれる一種のクラブハウスが存在するが、ここで夜を明かすことはできない（アテネでは、プロピュライアの「美術室」で夜明かしができる。第9章「見どころ」参照）。外国の大使の場合は市が特別に部屋を用意しているし、神殿や社には巡礼用の宿泊施設が備わっているところが多い。こういう宗教施設の宿はまことに結構にはほど遠いが、どんなにひどいところでも民間の旅館にくらべればたぶんましだろう。客の荷物を盗む主人とか、凶悪なトコジラミとか、しつこくて薄汚い売春婦とか、乱暴な酔っぱらい――問題の売春婦のヒモかもしれないし、そうでないかもしれない――とかで、民間の旅館はまことに悪評ふんぷんなのだ。

どんな宿より絶対にお勧めなのは、個人的なつてをたどって、快く泊めてくれるアテネ人を見つけることだ。こちらの出身市に知り合いを欲しがっているアテネ人もいるはずだし、ギリシア人の例に漏れず、アテネ人は旅人を大歓迎してあつくもてなしてくれる。これはおそらく神話伝説のせいだろう。腹に一物ある神々が身分を隠して立ち寄り、それにどう対応するかで恐ろしい神罰が下ったり、ありがたいご利益があったりするという話はたくさんある。

あるいはたんに、珍しい客人がひとりいると座が活気づくからかもしれない。外の世界の話が聞けるし、好奇心旺盛なアテネ人は事物に接するのが大好きなのだ。ギリシア語で「もてなし」を「クセニア」と言うが、これは特定の社会的慣習が暗黙の前提になっている。客人はできるだけ迷惑をかけないよう心がけ、またもてなしの返礼としてできるだけさまざまな話をして聞かせ、その才能があるなら歌や詩を披露することが期待されているのだ。

これは有名な故事だが、僭主のクレイステネスが若いアテネ人を食事に招待したことがあった。娘の婿にと考えていたのだ。食後にどんちゃん騒ぎが始まったとき、この若者が舞踏の腕前を披露したのはよかったが、その舞台に選んだのが食卓のうえだった（しかも、逆立ちして大胆なブレークダンスを踊ってみせ、不運にも下着をつけていないのがあらわになってしまった）。気分を害したクレイステネスは、その場の人々に「ヒッポクレイデスは踊り狂って花嫁を失った」と言ったが、若者は快活に「ヒッポクレイデスは平気の平左だ！」と切り返した。これがもとになってアテネ

ようこそ、見知らぬかたよ。客人としておもてなしいたしましょう。まずは食事をおとりいただき、ご用の向きはそのあとにうかがいましょうか。

——ホメロス『オデュッセイア』118–124

では「ヒッポクレイデスは気にしない」という言いまわしが生まれ、どちらに転んでもべつにかまわないという意味になったのだという。

いっぽう主人のほうは、まずは客人をゆっくり休ませ、じゅうぶんに食事を提供するよう気を配る。客をつかまえてやれ職業だの、故郷の都市だの、そこの家族や暮らし向きや情勢のことを根掘り葉掘り尋ねて、好奇心を満たすのはそのあとだ。意気投合すれば、客人が出立するさいに主人はささやかな贈り物をして、「クセノス」どうしになったことを伝える。これはもてなし（クセニア）という紐帯で結びついた者のことで、主人が客人の都市を訪ねたときには同じようにもてなしてお返ししなくてはならない。クセニアは気軽に受けてはいけない。これは代々続く取り決めであり、クセノスどうしは互いの利益を守りあうことになっていて、その後の旅の途中にそのクセノスが海賊につかまったり、いっぽうの都市の戦争で捕虜になったりしたときは、身代金すら払わなくてはならないこともある。スパルタ女王のヘレネを誘拐したとき、パリスがあれほど厳しく非難されたのも、ヘレネの夫であるメネラオス王が彼のクセノスだったからだ。パリスの行為は、客人にして友人の神聖な紐帯を踏みにじるものだった。そんなわけでトロイア戦争は始まったのだ。

> トロイアを陥（お）としてわが妻を手のうちに取り戻しておきながら、きさまはその妻を殺すこともできなんだではないか。
> ――エウリピデス『アンドロマケ』627

トロイアから奪い返した不実なヘレネに関して、ペレウスがメネラオスに向かって言うせりふ

客人はふつう男性だから、「アンドロン（字義どおりには「男の部屋」の意）」と呼ばれる部屋で接待されるのが一般的だ。この部屋は凝った装飾がなされていて、床には精巧なモザイク画が描かれていたりする。いまはまだ小石の天然の色合いがそのまま使われているが、これは後代のテッセラ〔大理石やガラスなどで作られる嵌め石〕の前身である。アンドロンは狭い中庭に面していることが多く、中庭には通りに通じるドアがあったりする。またふつう「中庭のゼウス」を祀る祭壇がしつらえてあり、信心深い家庭ではそこで儀式をあげる。アンドロンより広くてポーチつきの部屋もあるかもしれない。こういう部屋はたいてい冬に日光を入れるために南向きで、家族がふだん過ごす部屋として使われている。2階建ての家では、2階は奴隷の居室や物置になっていることが多い。窓はほとんど中庭に向いているため、細いアテネの通りの両側には、のっぺらぼうの壁と出入り口だけがずらりと並ぶことになる。とはいえ、壁と屋根の接する部分のタイル——アンテフィックスと呼ばれる——は、たいてい花模様とか動物（想像上のものもあれば現実のものもある）の小像で飾られている。通りに面

小麦の保管は最も乾燥した部屋、ワインは最も寒い部屋、美術品や上等な調度は最も採光のよい部屋がよい。

——クセノポン『家政論』9

アテネ豆知識

†アテネの市外へ出るのはむずかしくない。市の城壁には少なくとも15箇所は門が穿ってある。

†ギリシアには計画的に建設された都市が多いが、アテネはそうではない。そのためギリシアの他地域では、無計画な増殖ぶりを形容するのに「アッティカふう」と言うことがある。

†「経済（エコノミー）」の語源はギリシア語の「オイコス・ノモス」で、これは「家内の経営」という意味である。

†玄関ドアは大きくて通りに向かって開く。外の舗道を歩いている人にぶつかってはいけないから、外に出る前にドアをノックするのが習慣になっている。

†中庭に面する窓には、透明な羊やヤギの皮に油を塗ったものを張ったりする。光は入るが風は通さないというわけだ。

†トロイアのヘレネ（トロイのヘレン）にはヘルミオネという娘がいるが、この娘の苗字がオイコストス（グレンジャー、農夫の意）かどうかは確かめられなかった［『ハリー・ポッター』の登場人物ハーマイオニー（ヘルミオネの英語読み）の姓がグレンジャーであることによる］。

する窓がある場合は、そこはふつう工房か小売販売店だ。

男性の訪問客としては、その家のどこが女性用なのか、ぜひともちゃんと確かめておきたい。うっかり入り込むととんでもない災難がふりかかってくる（言うまでもないが、アンドロンを除けば家のなかはほぼすべて女性の領域だから、向こうからはっきり招き入れられないかぎりは、どこにも足を踏み入れないほうが無難だ）。

主人の社会的地位をざっと判断するには、家屋に使われている木材の量と種類を見ればよい。アッティカには森林が少ないが、裕福なアテネ人は階段やドアには杉を、床には松か樅、窓枠や戸口にはオークを好んで用いるものだ。屋根の梁にはヒノキがよく使われ、高価な家具には黒檀が嵌め込まれている。

アテネの社会

人と政治――旅の汚れを洗い流し、清潔な毛織の上着（キトン）に着替えたら、いよいよアテネという驚くべき都市に立ち向かおう。アテネ人が女性や外国人や奴隷に対していささか変わった考えかたをしているのはすでに見たから、ここではそれ以外の側面についてざっと学んでおこう。アテネ社会に飛び込む前の準備というわけだ。第一に、アテネ人はギリシア人のうちでもとくにイオニア人（イオン王

ほら、長い服のすそをひいて、イオニア人たちが集まってくる。あなたの聖なる道をたどり、妻や子をまつわりつかせて。
――ホメロス風アポロン讃歌 145-

の子孫）と呼ばれる一派に属している。イオニア人は、ドリス人（とくに有名なのがスパルタ人）のことを信頼はできるが鈍感で退屈と見なし、自分たちのほうが知的で開明的だと自負している。当然というべきか、アテネ人はそのイオニア人のなかでも自分たちが筆頭だと自任している——その祖ではないとしても。ひとつにはこれが理由で、小アジアや島々のギリシア人を従わせるのは自分たちの当然の権利だとアテネ人は思っている。

民族という点ではアテネ人はひとつとされているが、こと政治に関してはアテネ社会には根深い断絶が走っている。そのため、政治の話をするときはある程度の用心が必要だ——が、アテネ人はしじゅうその話をしたがるので困ったものである。

アテネでは、政治的立場は大きく民主派と寡頭派に分かれている。寡頭派とは、富裕層と貴族階級（つまり強欲な差別主義者）の特権を守ろうとする党派で、民主派は平民（つまり社会に寄生する怠け者の集団）のために戦う党派である。ここで、匿名のパンフレットから民主派のペリクレスと、このパンフレットを通じてのみ後世に知られている人物（ふつう「老寡頭派」と呼ばれる）との対照的な主張を見てみよう。互いに対する相対的な見かたがわかりやすくまとめてある。

ペリクレス　権力は少数者の手にあるのではなく、市民全員が握っている。

老寡頭派　こんな体制を容認できるか。この国で最もすぐれ

「海葱（かいそう）頭（海葱の球根のように長く大きな頭をしていたことから）」と呼ばれたペリクレスは、その目立つ頭を隠すために好んで兜をかぶった肖像を作らせている。

た人々より、盗人のほうが得をすることになるではないか。

ペリクレス　貧しい者の意見が政治に無視されることはない。

老寡頭派　だれでも望めば、盗人ですら、立ちあがって演説をし、自分たちが甘い汁を吸えるように画策できるということだ。

ペリクレス　われわれは、個人的な生活では自由で寛容だ。

老寡頭派　アテネでは奴隷や外国人にとんでもない好き勝手が許されている。奴隷を殴ってはいけないことになっているから、奴隷は道を譲ろうともしない。

ペリクレス　われわれは政府に従い、政府は法に従う。

老寡頭派　あいつら［民主派］はエリートから権利を剝奪し、財産を取りあげ、国外追放や死刑に処し、そのいっぽうで盗人どもを持ちあげている。

ここまで来ると悪口雑言が飛び交いだし、ときにはそのあともっと重いものが飛び交うこともあるから、分別のある客人はこんなけんかに関わってはいけない。

しかし、「最もすぐれた人々」が追放されるという主張によって、老寡頭派は鋭いところを突いている。アテネには「陶片追放（オストラキスモス）」という政治的な制度がある。だれかの専横が度を越してきて、民主政を損なうほどになっていないか判定するため、年に１度集まって、だれを市から追放すべきだと思うか投票して決めるのである。定められた日には、人々は陶片（オストラコン）にその人物の名を刻んで投票し、この逆選挙の「当選者」は10年の休暇をとって旅に

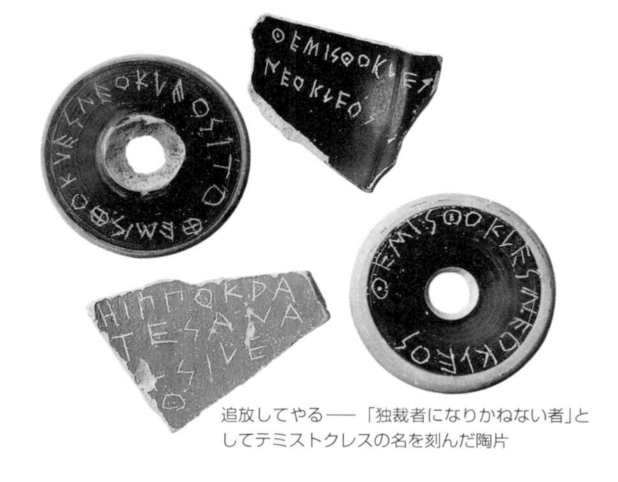

追放してやる――「独裁者になりかねない者」としてテミストクレスの名を刻んだ陶片

出るよう招待される。というわけで、エリートから侮辱されたとか不当な扱いを受けたと思えば、アテネ人は家に帰って鬱憤を晴らすことができるわけだ。壺を割り（これだけでずいぶんすかっとする）、その憎い貴族の名を刻みつけて復讐の日を待つのである。使い終わったあとは、陶器の破片は道路の穴を埋めるのに重宝する。

とはいえ、政治談義が始まったからといって、派手な暴動が近いと警戒する必要はまずない。アテネ人は議論するのが好きだ——声の大きさを競うという意味でも、また事実を論理的に述べて結論に至るという意味でも。議論は即興であればあるほどよい。酒を飲みながら腹を割って本音で話しているのでなく、飲むふりをして頭のなかで演説を準備していたのだろうと言われるのは、雄弁家にとっては人格を否定されるようなものなのだ（これは言うまでもないが、即興の演説だからと言って、用語が適切でなかったり議論が破綻したりしていてはいけないのは当然だし、むろんのこと聴衆を鼓舞する力がなくてはいけない。この点ではアテネの基準はきびしいのだ）。

第4章 アテネ人の娯楽

アカデメイア § 闘鶏と居酒屋 § ショッピング § お金

知的エネルギーではち切れそうな時代にあって、アテネはその中心地であり、新たな思想、哲学、発明をぐいぐい引き寄せている。これほど多くの在留外国人(メトイコス)が生まれ故郷を捨ててアテネにやって来るのも、おもにそのためである。たとえ、最初は地中海世界のべつの場所で生み出されたとしても、新しい概念はその発明者とともにアテネに流れ込み、ここで議論され、前5世紀の知的革命をもたらす思想のなかに組み込まれていく。無限の性質、蒸気力の活用、豆食の倫理性、天文学の体系など、すべてがアゴラに集う哲学者にとっては垂涎のテーマだ。アテネとその市民をひとことで評するとしたら、それは「多忙」である。

この精力的な態度は余暇の過ごしかたにもあらわれる。アテネ人は余暇を大いに重視していて、のんべんだらりと過ごしたりしない。労働者層だけでなく富裕層も余暇をたいそうありがたがっている。というより、アテネ人が富者にあこがれる最大の理由のひとつが、もっと余暇が持てるということなのだ。

アテネ人は、余暇の大半を市の催しに参加して過ごす。劇場はアテネ生活において重要な地位を占めており、年に1度の競技会（第6章の「劇場の午後」参照）で、最新の喜劇やサテュロス劇や悲劇が披露されるさいには、おおぜいの市民が劇場に詰めかけている。またその資格があればだが、神々の大祭に参列するのもよい。興味深い体験ができるだけでなく、すばらしい社交の機会ともなる。

とはいえ、アテネ人がこんな公的な楽しみしか知らないというわけではない。すでに見てきたように、議論や討論を熱烈に楽しんでいるし、ギュムナシオンや酒場にたむろして、政治や哲学や戦争やスポーツについて議論するのは、一部の人々にとっては仕事の一種なのだ（こういう議論に客人が一枚加わるのは歓迎されるが、ただしあくまで分をわきまえていればの話である）。

アカデメイア

多少なりと自由な時間があれば、アテネの男性がギュムナシオンに出かけていくのはもっともなことで、ギュムナシオンは運動の場であると同時に社交の中心地でもある。ただし、ギュムナシオンとは正確には建物のことではなく、フィールドと走路のある運動場のことだ。もっとも、天気が悪いときには屋根つきの柱廊（クシュストスという）で運動することもできる。ギリシアでは、ボクシングやレスリングも競技祭の種目になっており、オリュンピア競技祭に出場を希望する者はみな、少なくとも過去10か月は真剣かつ計画的に訓練を受けてきたと宣誓しなくてはならない（運動競技会では既婚女性の観戦は認められていない。出場者はみな薄くオリーヴ油を塗っているほかはふつう全裸で競技するからだ。しかし、未婚の女性はそれをおおっぴらに観戦できる）。

アカデメイアは、夏の太陽から運動選手を保護する緑陰の木立で名高く、暖かい時期には徒競走やレスリングの練習をするのによい場所だ。ディピュロン門の北西、市の城壁の外にあって、多くの哲学者やその弟子たちもここで時間を過ごしている（プラトンというソクラテスの将来の弟子が、のちにここに学校を開くことになる。後世、アカデメイアの語が肉体的活動より知的活動と結びつくことになるのはそのためだ）。アカデメイアは、ここに葬られたと伝わる名祖（なおや）の英雄アカデモスに奉納された聖地である（アカデモスはトロイアのヘレネを救い出すのに協力した英雄で、ヘレネはスパルタの女王だったので、スパルタからの訪問者にはとくに崇められている）。アカデメイアにはまたプロメテウスの祭壇があり、ここをスタート地点として市内をゴールとする徒

ギュムナシオンからの帰り道、カイレアスの顔は星のように輝いていた。激しい運動のために明るい顔が上気して、黄金に銀をのせているようだった。

——カリトン『カイレアスとカッリロエ』22

走者たち。オリーブ油を塗っているほかは全裸姿である。

競走がおこなわれている。プロメテウスが天上から火を盗んできたという故事にならい、走者はそれぞれ火のついた松明(たいまつ)を持って走る。レース中にその火が消えると、その瞬間に失格となる。

前5世紀のギリシアの都市国家の例にもれず、アテネの盛衰は重装歩兵の強さにかかっているから、だれでもギュムナシオンに出かけて身体を鍛えることができる。

ギュムナシオンに大勢の兵士が集まって、訓練をしているさまは壮観だ。　　――クセノポン『アゲシラオス』50

ギュムナシオンに行ったら、紫のマントを着けて白い靴を履いた人物には気をつけよう。これは「ギュムナシアルコス」と言って、選挙で選ばれてそこの監督を務める役人であり、秩序を保つためにスタッフを抱えている。ちなみにスタッフと言っても人員のことではない。大きくて固い木の棒（スタッフ）で、ごろつきをぶちのめすのに使うのである。ギュムナシアルコスはふつう裕福な人で、監督を務めるのは純粋に名誉名声のためだ。運動選手が身体に塗ったり、汚れを落としたりするのに使うオリーヴ油は、このギュムナシアルコスが私費でまかなっているのだ（アカデメイアには水道が引いてあるが、アテネ人が身体を洗うときは、オリーヴ油を身体に塗り、それを湾曲した金属の道具でこすり落とすのが一般的で、湯船にゆったりつかってヘチマでこするという方法はとらない）。

レスリングの試合が始まったら、しばし足を止めてぜひ観戦しよう。ギリシア人はレスリング巧者ぞろいだが、そうでないと困るのだ――、捻挫や脱臼は当たり前の過激なスポーツだから（もっとも、頭突きは規則違反である）。しかし、これがかわいく思えるほど凶悪なのが、パンクラティオンと呼ばれるフリースタイルのボクシングである。このボクシングでは、選手はグローヴの代わりに革ひもを手に巻き、おもに相手の頭と顔を狙う。対戦相手を意図的に殺害すると厳しく罰せられるが、経験を積んだボクサーなら、いずれにしても相手が善戦していたかのように見せかけられるものだ。ギュムナシオンでは、ボクサーはたいてい詰め物をしたヘッドギアをつけて、試合中に歯や頬骨が折れるのを防いでいる。

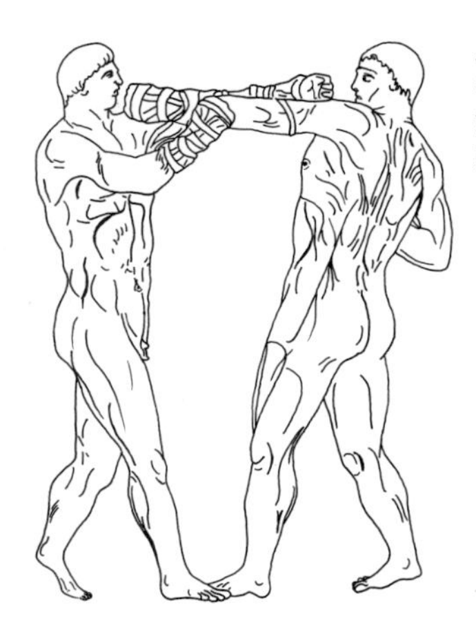

パンクラティオンの図。どうしてもこのスポーツをするなら、やる前から醜男であれば多少は気が楽だろう。

レスリングでも幅跳びでも砂場を用いるので、いつだれが砂場を使うかはギュムナシアルコスが決めることになっている。

フィールドでは槍投げや円盤投げもおこなわれるが、この競技の選手は完全武装だ。それを見ると、戦争がしょっちゅう起こっているのをいやでも思い出さざるをえない。ギュムナシオンでの運動はたんなる余暇の楽しみではなく、生きるか死ぬかの問題でもあるのだ。

おまえはアカデメイアに行き、同じ年ごろのちゃんとした家の子たちとともに、オリーヴの聖林の下で競走をするだろう。悩みも苦しみもなく、白いアシの花輪をかぶり、イチイの木々の香りをかぐだろう。ポプラの葉はそよぎ、スズカケ

アカデメイア豆知識

†アカデメイアはもともと英雄を祀るヘロオンだった。

◎

†アカデメイアの名高い樹林は、1世代前の指導者キモンが植えさせたもの。

◎

†アテネにはこのほかに4つか5つギュムナシオンがあり、少なくともひとつ（やや小ぶりだが）は市の城壁内にある。

◎

†ここの緑陰の庭で哲学を講じるという習慣を作ったのは、次世代の哲学者プラトンである。

◎

†アカデメイアはその後1000年間存続するが、後529年にユスティニアヌス帝の命令で閉鎖される。

の木は春を喜んで、エルムの木に静かにささやきかけることだろう。
——アリストパネス『雲』51

闘鶏と居酒屋

アカデメイアから市内に戻ってきたとき、大声で怒鳴りあう小さな人だかりができていたら、それはたぶん闘鶏だろう。アテネでは、年齢や社会階層にかかわらず、闘鶏は人気の娯楽だ。剣闘士の試合に最も近いイベントと言えるかもしれない。大金が賭けられていることも多い。

賭場では……賭博台がしつらえられ、たいてい闘鶏やさいころ賭博がなされているのだ。
——アイスキネス『ティマルコス弾劾演説』53

富裕層ではこれが法外なことになっていて、優秀な血統の雄鶏にはとんでもない高値がつく。鶏冠(とさか)を立ててふんぞり返って歩く気の荒い闘鶏は、男らしさの象徴と見なされているから、年長の男性からエロメネス——意中の十代の少年——への贈り物によく選ばれる。また重装歩兵の盾に闘鶏の絵が描かれていることもあるが、これは物騒な決意表明だ。闘鶏と同じように死ぬまで戦うという意味だからである。気性の激しい男性的な雄鶏の姿は、マッチョなアテネ男性の心をつかんで離さないから、闘鶏が始まれば見物人が集まらないはずがない。貧しい男たちが街角で始めた即興の試合であろうと、あるいは高級賭博クラブでの洗練された賞金つきの試合であろうと、そこに変わりはないのである。しかし、試合に勝利しても雄鶏が助かるとはかぎらない。闘鶏の精巣は性不能に効く最高の治療薬と広く信じられているし、鶏が強ければ強いほど、その男っぽさへの需要はさらに高まるというものだ。最高賞金を獲得した雄鶏はまた、壺に描かれて不滅の生命を与えられたりもする。その証拠に、店をのぞけば闘鶏を描いた壺はいくらでも売られている。

夜になると、アテネ人は飛び抜けたパーティ好きを発揮する。富裕層が好むのはシュンポシオンだ。これはパーティの一種で、水割りのワインを飲みながら森羅万象について議論する高尚な場になることもある（ソクラテスはしょっちゅうそういう場に現われては不興を買っている）。あるい

闘鶏開始前ににらみあう２羽の雄鶏。

は、飲めや歌えのどんちゃん騒ぎになって、家具が部屋を飛び交ったり、笛吹女の寵を争って殴りあいになり、目のまわりにあざを作ったり、果ては全員がよたよたと千鳥足のダンスラインを作って、べつの家に移動することになったりもする。

貧しい人々は、カペレイオンこと居酒屋で楽しんでいる。カペレイオンは、パブや簡易食堂と同じぐらいどこにでもある。店内ではさいころ賭博やボードゲームも楽しめるが、うっかり女性が足を踏み入れると、これまた楽しんでよい種類の女性だと勘違いされるから注意が必要だ。さまざまなワインがそろっているほか、つまみになるファストフードを出すところもある。

深夜まで飲んだら、けっしてひとりで帰ってはいけないし、また帰り道を照らす松明も用意しておかなくてはならない。アテネでは夜間の暴力犯罪は珍しくなく、マントをひっぺがして奪うのが強盗の好むやり口だ。市場（たとえばテバイ［アッティカの北に位置するボイオティア地方の主要都市］近くの市場とか）に持っていくと、マントはいい値で売れるからである。

エイレシオネがイチジクを運び、エイレシオネがパンを運ぶ。
蜂蜜を何パイントも、それから身体に塗り込む油も。

居酒屋では、ワイン入りの菓子、蜂蜜、干しイチジクと、けっこうなものを片端から供えられた。
――アリストパネス『福の神（プルトス）』1120、ヘルメスのせりふ

強いワインを甕ひとつ、みんなご機嫌で床につけるように。
──プルタルコス『テセウス伝』4より、練り歩きながら若者が歌う歌［エイレシオネは羊毛をからめたオリーヴの枝。これに食物を結びつけたものを持って行列した］

ショッピング

替えのマントは、ほかの品々と同じくアゴラで探すとよい。獣皮をぞんざいに縫い合わせた手作りのものから、最高級のペルシアからの輸入品までより取り見取りである。アテネにはアゴラ以外にも市場はある。たとえば南の城壁の近く、壁をめぐらした小さな建物の内部にもあるが、こちらは店舗が10軒ほどと社がひとつあるだけのごくささやかなもので、市の反対側まで歩きたくないという近隣住民がおもに利用しているだけだ。アゴラはたんなる市場ではなく（もともとは「人と会う場所」という意味である）、アテネ人は買物のためだけでなく、友人と会ったり情報を仕入れたりするためにもやって来る。名祖の英雄たちを祀った小さな社には、たいてい公示情報が張り出されているのだ（アテネの10の部族の名称は、ここに祀られた英雄たちにちなんでつけられている）。いまのところは質素な社だが、現在進行中の計画に基づき、いずれこの社はアゴラでも指折りの立派な施設のひとつになるはずである。

売られている商品じたいは拍子抜けするぐらいありきたりだ。アテネ人は物質（モノ）にはこだわらないほうで、住まいもびっくりするほど質実剛健というか、まあその、言ってみればスパルタ式なのである。そのときどきに売っている商品は、買い手のニーズに合致しているとはかぎらない。アテネはエーゲ海周辺の交易の中心地だが、それでも後世のようにいつでもなんでも手に入るとはいかない。そのため、需要と供給の法則ともあいまって、日用品の値段ですらそのときの流通状況によって大きく変動する。だいたいの目安をあげると、平均的なアテネ人が食べる1日分の小麦の量をコイニクスと言い、これはだいたい2パイント〔1・14リットル〕にあたる。これだけあれば労働者が1日やっていけるというわけだ。季節や作柄によってちがうが、1ドラクマあればおよそ10〜17コイニクスの小麦を買うことができる。したがって、そのときに大量に出まわっていて安い食材を賢く選べば、5ドラクマもあれば3人家族が2週間は食べていける。肉はふつうあまり見かけないが、果物や野菜を売る露店は客でにぎわっているし、レンズ豆なら生でも水煮でも手に入る。

どうしても肉を買いたいなら、猟師が獲物のウサギを売

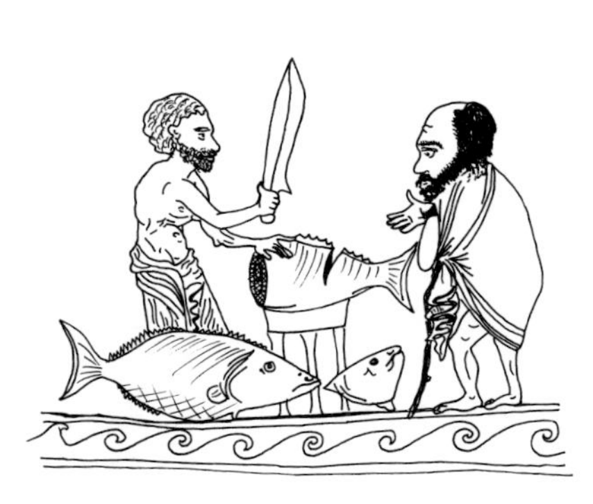

アテネ人ぐらい魚が好きな人々もめずらしい。がんばって交渉しないとなかなかよい部位は手に入らない。

っている露店を探そう。キジもあるが高い。腸詰め（ソーセージ）売りの屋台に立ち寄るという手もあるが、腸詰めの中身が店の派手な宣伝文句のとおりとはかぎらない。それよりは魚を買うほうがいいかもしれない。アテネ人は魚のフライにはうるさくて、オプソパゴス（熱狂的な魚好き）が魚の舌ざわりや香りについてくわしく物語るさまは、まるでワイン通がヴィンテージについて語るのを聞いているようだ。とりわけ熱が入るのはイカについて語るときである。イカはひじょうに高価なので、アテネでは「イカを食べられるほど金持ち」と言えばとても恵まれているという意味になる。またチーズも種類が豊富で、おもにヤギや羊の乳を原料に土地ごとにさまざまなチーズが作られている。

みごとな角杯をお見逃しなく。美しい彫刻をほどこされた湾曲した杯は、トラキアで金属細工がほどこされたものが多く、またたいてい動物の頭部が彫り込まれている。こういう角杯の欠点（見かたによれば美点かもしれないが）は、飲酒のあいまには地面に突き立てるようになっていることだ。それができないときは、横倒しに寝せておくしかない。つまり、中身をすべて飲み干してからでないと杯をおろせないのだ。

実用重視の向きは、コトンすなわち「スパルタの杯」を探そう。これは側面に深い畝の入った小さな壺だ。もともと川から水を汲むのに使われていたもので、側面の畝はこ

おまえのヒメジやウナギなど食いたくもない。
——アリストパネス『蜂』510、ピロクレオンのせりふ

こにゴミが引っかかって出てこないというくふうだったのだ。しかし、アテネ人はワインを漉さないので、高価な年代物にすら澱がたまっているから、この畝はそれをよけるのに役立っている。他方、神秘的な味わいをお求めの向きは、夢占い師を探してみてはどうだろう。しょっちゅう鱈(たら)の夢を見るのは、超自然的なパワーがなにを伝えようとしているからなのか、2オボロス出せば正確に教えてもらえるはずだ。

女性が恥をしのんで市場へ行かなくてはならない場合は、きれいな顔を太陽神(ヘリオス)から隠したほうがよい。そうでないと日焼けしてしまう。顔をさらすのは外聞の悪いことだが、それが日焼けで真っ黒になったりしたら言語道断だ。そんなわけで、まずはスキアデイオン（小さな折り畳みの日除け）を買おう。奴隷か連れの男性にそれを持たせておいて、そのあいだにご婦人は香水を選ぶ。香水はアラバストロン――小さな陶製の壺で、紙のように薄く精巧に作られている――に入れて売られている。また、さまざまなヘアピンも並んでいるが、これは金属製または象牙製で、ヘッドに上品な飾りがついたものだ。イヤリングやペンダント、ブレスレットも大量に売られており、こちらはビーズや青銅や半貴石で作られている。贅沢な金銀製品ももちろんあるのだが、そういう貴重な製品は、経済力のある顧客の自宅へ細工師が直接持っていくことのほうが多い。衣料品は毛織物やビュッソス（糸を細く紡いであり、そのため綿に似た風合いの織物）が多いが、エジプト製の亜麻布で作られたものもある。「アモルゴス〔エーゲ海、キュクラデス諸島

アテネの男性は馬と酒が好きだ。そのふたつを兼ね備えたのがこの角杯というわけ

中の島。薄い絹織物で有名だった〕ふう」の衣類はすべて室内着である。ひじょうに薄手で透けて見えるからだ。衣類はふつうくすんだ白か赤褐色で、とくに女性用のキトンには落ち着いた黄色のものもある。マントはたいてい濃淡さまざまな茶色である。

すでに見たように、靴は履かないことが多いが、履いているときも屋内では脱がなくてはならない。しかし、それでも欲しいという客のために多種多様な靴が売られている。紐をからめて履くサンダロンから、膝まで届くエンドロミデスという長靴もある。ただし、これまた美点でもあり難点でもあるが、ハイヒールはない。

市場を色鮮やかに彩るのは花屋で、その露店には水仙や

寸法に合わせて靴をあつらえる
靴職人の図

銀梅花、バラやスミレが並んでいる。スミレはことのほかアテネ人に愛されているが、劇作家のアリストパネスはそれを皮肉って、「よその都市の使節がここの連中を籠絡したかったら、ただ『スミレの冠をいただいた人々』と呼びかけるだけでいい。『スミレ』という言葉を耳にしたとたん、椅子から跳びあがらんばかりにぴんと背筋を伸ばすのだから」と言っている〔『アカルナイの人々』より〕。花は神々の社によく捧げられるし、夜にパーティに出席する人は花冠（ステパノス）をかぶっていこうとする。花売り娘は尻軽で知られるから、花冠を買うついでにちょっと誘えば、あっさりパーティについてくるかもしれない。

お金

定価のある品目やサービスも多いが、それでも少しでも得をするために交渉は必要だ。手始めは両替商との交渉である。おそらく手持ちのドラクマに対して等価交換は期待できないだろう。なにしろ「ドラクマ」の語源はギリシア語の動詞*dratto*（「つかみとる」の意）であり、両替商はそこをよくわきまえているのだ。アテネのドラクマ貨（「フクロウ」と呼ばれる）は世界一信用できることで名高い。ラウリオン銀山のおかげで混じりっけなしの純銀製なのだ。ドラクマ貨は、その不変の形式（片面にはパッラス・アテナ、片面にはフクロウが刻まれている）とともにたいそう評価が高いので、黒海周辺の国家のなかには、自国通貨にその形式をそのまま採り入れているところもあるほどだ。「アテネにフクロウ」という古いことわざは「ニューカッスルに石炭」とまったく同じで、行った先に掃いて捨てるほどあるものをわざわざ持っていく、という意味である。

そうは言っても、「フクロウ」を受け取る前にはちゃんと重さを計ってもらおう（アゴラには標準の分銅や計量器を備えつけた事務所があり、商人の用いる天秤が標準からはずれていないか役人が検査している）。よくある手口として、熱い銅の土台に銀の薄い膜をかぶせ、硬貨の刻印をおすという方法がある。熱と打刻のおかげで銅が銀と結合してしまうから、重さを計らないと偽物とは見抜けない。また、硬貨にAOE（Oのまんなかには小さな点が入っている）と刻ま

☞通貨

8カルコス＝1オボロス
6オロボス＝1ドラクマ
100ドラクマ＝1ミナ
60ミナ＝1タラント

れていることを確認しよう。これはA・T・H・Eを表わし、それがアテネ（Athenai）の硬貨であるしるし、つまり価値の低い黒海地域の模造品でないことの証拠なのだ。

観光客が出くわす最大額面の貨幣は、おそらく4ドラクマ銀貨だろう。とはいえ、これもそうしょっちゅう拝めるものではない。4ドラクマといえば、熟練の職人の1週間分の賃金に相当する額なのだ。正規の市民が陪審員を務めるときでも、日当は半ドラクマにすぎない。というわけで、日常の買物で使われる硬貨はふつうカルコスとオボロスということになる。

ふだんよく目にするカルコスは青銅貨だが、なにより驚くのはその小ささだ。1オボロス貨は直径1センチ足らず、重さは1グラムに満たない。半オボロスは——当然と言えば当然だが——その半分のサイズだ。これは後世の考古学者にとってはありがたい話で、というのもこのちっぽけな硬貨は、しょっちゅう古代のソファの陰に転がり込んで行

> ぶどうを売って、口を銅貨でいっぱいにしていた——なにせ、市場に出かけて小麦粉を買おうと思ってたんだ。
>
> ——アリストパネス『女の議会』819-

†死者を埋葬するときは目の上か舌の下に1オボロスを置く。死者はそれを持って冥界へ旅し、ステュクスという川の渡し守カロンへの渡し賃とする。

◎

†劇作家エウリピデスの母は、アゴラに露店を持っていて青果を売っていたと言われている。

◎

†1オボロスあれば、大きなパンをひとつ買って、それといっしょに飲むワインも1杯買えるだろう。

◎

†ペロポネソス戦争以前のこの時期だけで、アテネでは2000万ドラクマの硬貨が鋳造されたと見積もられている。

◎

†本物のドラクマ硬貨の重さは4.3グラム強である。

◎

†アテネ人のスミレ好きは、伝説のイオン王以来の伝統なのかもしれない（イオンは「スミレ」の意）。

方不明になってくれるからだ。アテネ人の衣服には、残念ながらポケットがないからなおさらである。

そんなわけで、朝ちょっとした買物に出かけるとき、アテネ人がお金を入れて持ち歩く場所はふつう口のなかである。舌で探ってみれば、前歯の歯茎がちょうどよく引っ込んでいて、天然の財布代わりに使えることがわかるだろう。おまけに、よほど親しい仲にならなければ盗むことはできない。

アリストパネスの劇中の登場人物が、この硬貨の話をみごとまとめてくれているから紹介しよう。「こないだ、リュシストラトスにまんまとしてやられたよ。あの野郎、ぼくらふたりぶんの報酬として1ドラクマを受け取って、それを崩してくると言って魚市場へ行ったんだ。それで戻ってきて、魚のうろこを3枚よこしやがった。てっきりオボロス硬貨だと思って口のなかに入れちまったよ（『蜂』より）」

第5章
アテネの有名人

ヒュペルボロス § ペリクレス § ソクラテス § トゥキュディデス § ペイディアス § アイスキュロス § ソポクレス § アリストパネス

アテネは21世紀の一般的な市場町ほどの大きさしかないが、いまこの市の城壁内にはまったく信じがたいほど多くの頭脳が集まっている。紀元前431年のアテネは、シェイクスピア時代のロンドンやルネッサンス期のフィレンツェに洟も引っかけないだろう。天才の数ではアテネの右に出る都市はない。ここには、その後のヨーロッパの言語や思想を永遠に変えることになる男たち（すでに見たように、アテネは極度に女性蔑視の傾向が強いから、天才たちがすべて男性だとしても驚くようなことではない）が顔をそろえているのだ。大げさ（hyperbole）だと思うなら、ヒュペルボロスそのひとに会いに行こう。劇的効果をねらって意図的にある状況を誇張するという演説法によって、その名を後世に残す人物だ。この人物はしごくもっともな法案を提唱しているのだが、あまりに大風呂敷を広げるせいで反感を抱く者も少なくない。アルキビアデス［前5世紀後半のアテネの政治家］もそのひとりで、のちにヒュペルボロスが陶片追放の憂き目にあったのはそのせいだ。この陶片追放に関する論評を見るかぎり、傑出した歴史家のトゥキュディデスも反感を覚えたひとりなのはまちがいないところだ（下の引用文参照）。

真っ先に会いに行くべき天才は、政治の分野で活躍している人物だ。もっとも、「活躍」などという言葉ではこの達人のわざはとうてい評しきれない。アテネ人が愛情をこめて「海葱（かいそう）頭［海葱は地中海原産のユリ科多年草。タマネギを縦長にしたような大きな球根が特徴］」と呼ぶこの人物、すなわちペリクレスこそ、この驚異の時代全体を代表する傑物なのだ。

アテネは直接民主政をとっているから、いわゆる指導者をいただいてはいない。だれでも民会で立ちあがって、この国が進むべき道を提案することができる。しかし、その提案が最も重んじられているのはペリクレスである。「彼はたいてい人々を味方につけることができた。人々を説得し、どれが最もよい選択肢なのか納得させることもあれば、人々の意志に反して、好むと好まざるとにかかわらず、その利益となる方向へ無理に尻を叩いて進ませることもあっ

［ヒュペルボロスについて］やくたいもない人物。陶片追放されたのは、能力や影響力が恐れられたからではなく、ごくつぶしでアテネの面汚しだったからである。

——トゥキュディデス『ペロポネソス戦争の歴史』8・74

た。むずかしい病気を治療する有能な医師のようなものだ。患者が楽になるように手当てをすることもあれば、それで病気が治るなら薬を飲ませたり痛い思いをさせたりすることもあるのだ」――のちのローマ時代の伝記作者プルタルコスはそう評している。

ペリクレスは、大胆ではなくとも有能な将軍であり、またいささか無節操な政治家でもある。アテネの同盟諸市から有無を言わせず資金を搾り取り、アテネがいま好景気に沸いているのはまさしくそのおかげなのだ。

ペルシア戦争のさいにアテネと同盟を結んだ諸都市に、戦争が終わってからも戦費の負担金を支払わせつづけると決めたのはペリクレスだった。軍船や兵士に使う必要はもうないが、今後はペルシア軍によって破壊されたギリシアの神殿を復旧するために使うというのだ。そしてその手始め（にして手じまい）はアテネの神殿というわけだ。強大で説得力抜群の海軍を持つのは現在のギリシアではアテネだけだから、その属国（政治的に正しくは「同盟国」）としては、いやいやながらも貢納（ペリクレスの言う「自発的な負担」）を続けざるをえない。

これによって、突如として大々的な建設計画が動きはじめた。ふつうの都市なら完遂に何世代もかかるような大事業である。そういうわけで、鍛冶師や大工から、鉄や青銅の細工師、石工、染物師、金細工師、象牙細工師、画家、刺繡職人、陶工までみな大忙しであり、かれらに材料を供給する業者ももちろん例外ではない。商人や船乗りや船主はみな海路で物資を運んでくるし、荷車作りや牛を育てる農家、運搬業者、縄作り、亜麻職人も靴職人も革なめし師も、みなこの好景気の恩恵に浴している。

しかし、ペリクレスにも敵はいる。たとえばある政治家はこう言っている。「もし私がペリクレスとレスリングをしてみごと投げ飛ばしたとしても、試合に勝つのはペリクレスだろう。彼は人々を説得して、その目で見ていたにもかかわらず、投げは決まらなかったと思い込ませるのだ」。また、ペリクレスは貴族で、もともと大金持ちだから信用できないと思う人もいる。彼はあるとき、国が支払えなかったら自分の財産から支払うと言って、壮麗な建築物を建てさせてそれを柱礎に刻ませたこともあるのだ。

しかし、ペリクレスに関するほんものの醜聞が聞きたければ、息子のクサンティッポスを探すことだ。彼は父親を赦せないと思っている。ペリクレスがクサンティッポスの母を捨てて「売春婦」のアスパシアに熱をあげているからだ。クサンティッポスはたいてい居酒屋にいて、酒壜を片手に父親の悪いうわさを広めている。

ペリクレスはみょうに頭が長く(「海葱頭(かいそう)」というあだ名はそのせい)、そこをさんざん喜劇詩人にからかわれている(テレクリデスなる詩人は、「自分の頭の重さで気絶する」ほどだと言っている)。本人も気にしていたようで、後世に伝わる彼の胸像が、たいてい面頬をあげた兜をかぶっているのはそのせいだ。アテネ式の重装歩兵の兜は、気になる特徴を隠すのにぴったりの形をしていたのである。

妻のもとを去って幸福をつかんだのがペリクレスなら、妻のもとにとどまって不幸をかこっていたのがアテネ最高

ソクラテス像。この石に刻まれた証拠からわかるとおり、知性と美は共存するとはかぎらない。

の哲学者ソクラテスだ。

ソクラテスはクサンティッペ（文字どおりに訳せば「黄色い馬」の意。男女を問わず人気の名前のようだ〔クサンティッペは女性形、男性形はクサンティッポス〕）と結婚してふたりの息子をもうけたが、彼とクサンティッペとの夫婦喧嘩はアテネでは語り種になっている。一度などは、そんな喧嘩のさいにソクラテスはびしょ濡れにされた。水をかけられたという者もいれば、怒り狂った妻から室内便器の中身をぶちまけられたのだろうと邪推する者もいる。ソクラテスは身体を拭きながら、「雷が落ちたら雨の降る道理だ」と言って友人たちを笑わせたという。またべつのときには、市場にいたソクラテスからクサンティッペはマントをひっぺがしていった。どうしてやり返さないのかと尋ねられると、クサンティッペは妻であってボクシングの対戦相手ではないからだ、とソクラテスは答えている。

そうは言っても、ソクラテスは腰抜けではない。むしろその逆だ。重装歩兵の具足を自分でそろえるだけの財力があり、これまでに加わった戦闘ではつねにあっぱれな活躍ぶりだった。後代の伝記作家ディオゲネス・ラエルティオスによれば、ある戦闘のさいにアテネ軍が退却を始めると、戦野を離れる軍のあとをソクラテスは不機嫌な猫のようにぷりぷりしながらついていき、あまり敵が迫ってくれば容赦なく反撃していたという。また、激しい戦闘のさなかに若きアルキビアデスの生命を救ったこともある。のちにソクラテスは政治の世界でも同様の勇気を発揮し、30人僭主の不当な命令にも、また民主政期の暴徒の怒号にも屈することはなかった（実際、若者を堕落させているという事実無根の罪で告発し、毒ニンジンをあおって自殺するよう命じたのは、民主政期のアテネ政府である）。

これを最初に指摘したのはソクラテスだが、哲学を愛する者が豊かな暮らしを愛していけないわけではない。彼は晩餐会への招待は喜んで受けるし、上等な酒にも目がない。とはいうものの、そういう暮らしができないとなれば、それに対してその、哲学的な態度をとるにやぶさかではないというわけだ。

ソクラテスは、彼の哲学で言うところのソフィストである（「ソフォス」は知恵という意味で、「洗練された（ソフィステイケイテツド）」の語源）。ソフィストとして、彼は真理を究めるために一連の議論を通じて結論にいたろうとする。他のいわゆるソフィストと

ソクラテスいわく……

自称「生者のうちで最も賢い者」の言葉10選

†検証されざる生に生きる価値はない。

◎

†知恵は驚きに始まる。

◎

†結婚してもしなくても同じだ――どちらにしても後悔する。

◎

†生ある者のうちで最も知恵があるのは私だ。なぜならひとつだけ知っていることがあるから。それは、私はなにも知らないということだ。

◎

†この世で名声を得たければ、自分がそうであるふりをしている者にほんとうになることだ。

◎

†女が男と平等であれば、女のほうが上になるだろう。

◎

†もし万人の悩みを集めて大きな山を作り、万人に公平に分けることになったら、たいていの人はそそくさと自分の悩みをつかんで逃げ出すだろう。

◎

†最も少ないもので満足する者が最も豊かだ。満足は自然の与える財産だ。

◎

†男はみな結婚すべきだ。良妻を持てば幸せになれるし、悪妻を持てば哲学者になれる。

◎

†私は正直すぎて、政治家になって生きていくことはできなかった。

ともに、主張の根拠の乏しさをごまかす詭弁を教えていると批判されることもあるが、ソクラテス自身は自分は教師ではないと言い、授業料はとらず、たんに意見の交換をしているだけだと言っている（「ソクラテス的問答法」とは彼の手法にちなんでつけられた名称で、質問を重ねることによって、対話相手の考えの誤りを自分で気づかせる論法をいう）。

ソクラテスのデモスはアロペケ（城壁外、アテネ市の南東にある地区）だが、本人はたいていアゴラにいる。ソクラテスを探すなら、たとえばゼウス・エレウテリオス（自由解放神ゼウス）列柱館に行ってみよう。そこでよく友人や生徒たちと話をしているから。彼を見分けるのは簡単だ——その場で一番の醜男を探せばよい。はげ頭で、痩せているのに太鼓腹で、飛び出た目玉、肉厚の唇をした男がいたら、たぶんそれがソクラテスだ。デルポイの神託に「いまの世にこれ以上の賢者はいない」と言われた人物である。

その神託に異を唱えようという者はおおぜいいる。たとえば劇作家のアリストパネスは、ソクラテスをテーマとして喜劇（『雲』）をまるごとひとつ書いているほどで、ここまで来るともう賛辞である。この劇では、ソクラテス（およびソフィスト全般）について、アテネの伝統的な神々をあざけり、二枚舌を教え込む者たちとして描かれている。劇中では、ある若者が借金を返さずにすまそうとしてソフィストの論法を学び、ソクラテスに両親を敬う必要はないと教え込まれる。この劇でアリストパネスが描いた人物像は、ソクラテスがしまいに死刑判決を受けるのに一役買うことになる。

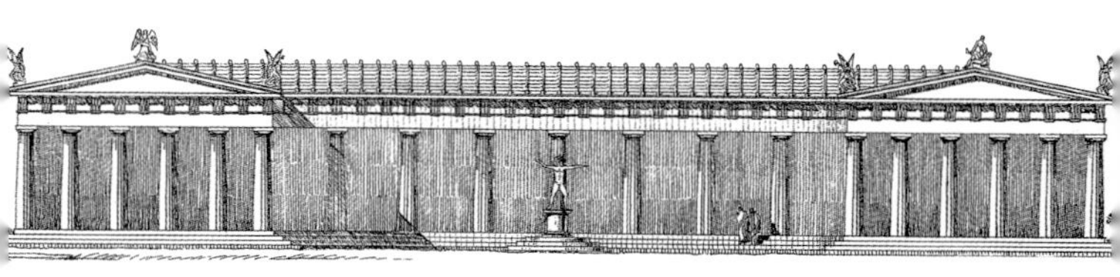

ゼウス・エレウテリオス列柱館。ペルシアの支配からの解放を祝って建造された。

その連中のことなら知ってますよ、やくたいもないやつらです。お父さんが言ってるのは、生白い顔をして、靴も履かずにうろうろしているペテン師どものことでしょう。あのごろつきのソクラテスとかカイレポンとか。

——アリストパネス『雲』125、ペイディッピデスのせりふ

哲学に興味があるなら、アテネ南部のコッリュトスという城壁内の区（デモス）に出かけていき、いまから2年後にプラトンという身体の大きな赤ん坊が生まれる家を見てくるといい。プラトンはソクラテス第一の弟子で、師の業績を拡大深化させるとともに、その哲学を後世に伝えた人物だ。いかにもというべきか、ソクラテスはなにごともわざわざ書き留めようとはしない人だから。

また、ソクラテスのもうひとつのたまり場、同じくアゴラの彩画列柱館（ストア・ポイキレ）をのぞいてみるのも悪くない。ここは哲学者ゼノンがかつて講義をしていた場所でもあって、なにしろゼノンと言えばこの列柱館（ストア）というぐらいだったから、今

日でもゼノンの哲学のことをストア学派と呼ぶほどだ。いずれにしても、この彩画列柱館は見に行って損はない。なにしろアテネで最も有名な建物のひとつだし、哲学の授業に参加するのに最適な場所でもある。夏は涼しく、冬は暖かい。南向きだから、冬の穏やかな斜めの陽差しが射し込んでくるのだ。

実務家肌というより、どちらかといえば事物の本性を究めることに惹かれるという向きは、オロロスという人物のかなり貴族的な屋敷を訪ね、息子のトゥキュディデスに面会を申し込もう。トゥキュディデスはいささか堅苦しいまじめな若者で、急に熱くなる面はあるものの、分析的な緻密さを備えており、むしろ冷静で鋭い醒めた知性がまさっている。そう遠くない過去にアテネの著名な政治家だったキモン〔前512ごろ～前449〕は親戚にあたり、またギリシ

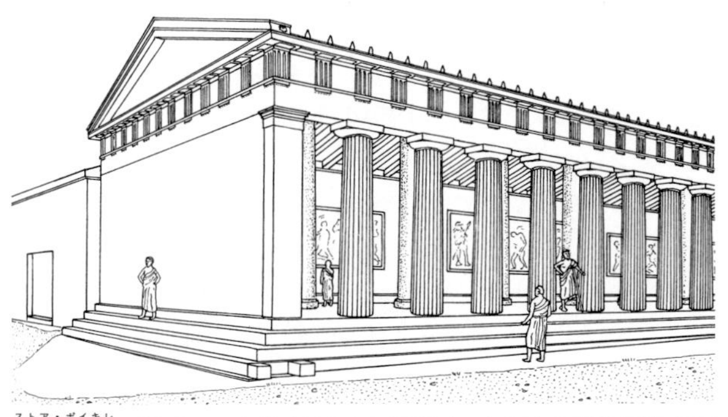

彩画列柱館（ストア・ポイキレ）。絵画もここに集まる人々の顔ぶれも、アテネの栄光の現われである。

ア北部トラキアの金鉱のあたりに彼の一族はかなりの影響力をもっている。きたる戦争では、トゥキュディデスはその地域で軍を指揮し、スパルタの傑出した将軍ブラシダスに敗北する。それ以後の彼は、この戦争——スパルタを盟主とする同盟諸都市との——におけるアテネの命運を記録することに才能を注ぎ込むことになる。そしてそれを通じて、歴史を叙述するための技術を実質的にゼロから発明していくのである。

この分野での有名な先輩に、前世代の著作家ヘロドトスがいる。しかし、その著作『歴史』は逸話と神話伝承と旅人の伝聞のごた混ぜだ。歴史家としてのヘロドトスは、そのごた混ぜのなかを楽しげにあっちへ寄りこっちへ寄りして、際限なく脇道へそれていき、しかしそのつど得々としてもとの話に戻ってくる。ヘロドトスはきっと、居酒屋でおおぜいの友人たちに囲まれているような人だったにちがいない。酒杯を傾けながら、次の話次の話と物語を紡いでいくのだ。感心した聞き手が、ヘロドトスの杯にお代わりをついでやりながら「なああんた、その話はみんな本に書かなくちゃだめだよ」と言い——かくして生まれたのが『歴史』というわけだ。

いっぽう、トゥキュディデスが居酒屋で飲んでいる姿は想像しにくい。なにしろ、どうも人間嫌いのように見受け

スパルタの見かけは、その内実に釣り合っていない。……実力ではなく外見で都市を判断するのは正しいことではない。
——トゥキュディデス『ペロポネソス戦史』1・10

られるからだ。彼が熱心に追求するのは事実のほうだ。古代の歴史家のうち、著作のなかで過去をとりつくろったり美化したりせず、たんになにがあったかを語り、できるかぎりそれを説明しようとしているのは彼ひとりと言ってよい。

鼻白むほど自信たっぷりにトゥキュディデスはこう書く。「この歴史を面白くないと思う者もいるだろう。興味本位の不思議な話などは出てこないからである。しかし、過去になにがあったのかはっきり理解したいと望む人々に、この文章が有用だと思ってもらえれば私は満足である。なぜなら、人間の本性から考えて、同じようなことがいつかまた起こるにちがいないからだ。私は今日の大衆のためではなく、永遠に記録をとどめるためにこれを書くのである(『ペロポネソス戦史』1・22)」

トゥキュディデス以外の古代の著述家の場合、数千年後の歴史学者がかれらについて語る言葉にはあきらめや苛立ちがにじみ、しかもその著作が大小の欠陥だらけなのが当然の前提とされている。ところがトゥキュディデスについては、これは彼の能力の証と言えるが、ついさっきこの場を離れた同業の先輩であるかのように語られるのだ。トゥキュディデスはまさしく偉人と呼ぶにふさわしい人物である。

アテネはほとんどあらゆる分野に天才を出しているから、目に見える芸術が好みという向きは、ペイディアスの工房を訪ねるのがよいだろう。もっとも、そこへ行かなくても彼の作品を見ることはできる。彼の作った巨大なアテナ・

プロマコス（「プロマコス」とは「最前線で戦う者」の意）の青銅像がアクロポリスにそびえていて、海路でアテネを訪れれば、60キロ以上離れたスニオン岬からもその槍と兜が見える。またデルポイ経由でアテネへ来るなら、マラトンの戦いを記念した有名な彫像が奉納されているから、そこでも彼の作品を目にすることができる。

オリュンピアのゼウス像。象牙と黄金をまとった姿は圧巻で、古代世界の七不思議のひとつにあげられている

しかし、彼の最高傑作があるのは、残念ながらアテネではなくオリュンピアだ。そこでペイディアスが作った巨大なゼウス像は、世界の七不思議のひとつに数えられている。この壮大な彫像を見るには、この神々の王が堂々と玉座についている神殿の一室に入っていかなくてはならない。この像は見物人より何倍も大きいのに、黄金のマントをかけた象牙の肌はまるで生きているようだ（うわさがほんとうなら、神の小指には「パンタルケス」の名が彫り込んであるという。当時ペイディアスは、そういう名の若者に熱をあげていたのだ）。

しかし、ペイディアスの着想のもとはわりあい簡単に見つかる。アテネ近くのメリテという地区を通ることがあったら、ヘラクレス神殿に立ち寄ってみよう。ここにはじつにみごとな神像が祀られているが、これはエレアスの作品だ。ペイディアスはこの人の弟子だったのである。

ペイディアスはパルテノン神殿の設計に大きな影響を与え、この神殿は以後変わることなくアテネの代名詞的な建造物でありつづけている。しかし、パルテノンの有名な浮き彫りをペイディアスがみずから手がけたというのはちょっと眉唾だ。これは大理石彫刻だが、ペイディアスの専門は青銅像であり、アクロポリスではどの作品もその道の大家が手がけているからだ。とはいえすでに見たように、この処女神（「パルテノス」は「処女」の意）の神殿の外には、ペイディアス作の堂々たるアテナ・プロマコス像が立っているし、またなかに入ればもうひとつの傑作、象牙と黄金のアテナ・パルテノスそのひとの像もそびえている。アテナ女神はペイディアス得意の題材かもしれないが、このアテナ・パルテノス像で彼は実力以上の作品を作ったというのがおおかたの見かたである。アテナ女神は黄金色に輝いて神々しく立ち、みずからの都市を守護している。片手は軽く盾にかけ（盾の装飾に、ペイディアスは自分自身とペリクレスの像を組み込んでいる）、差し出した片手には勝利の女神の小像をのせている。

アテナ・パルテノス像が金色（こんじき）に輝くのも道理、この像は黄金を身にまとっているのだ。その総量44タラント、すなわち約1100キロである。つまりこのアテナ像はアテネの守護神であるだけでなく、市の金庫代わりでもあるのだ。そういうわけで、この神殿にはおいそれと入れてはもらえ

アテナ・プロマコス。アテネの守護女神はみずからも情け容赦のない戦士なのだ

ない。アテネ市が女神からの援助を必要とするときは、この像の黄金は取り外せるように設計されている。ちなみに、ペイディアスとその工房と弟子の作品はいたるところで見られるのに、ペイディアス本人の姿は影も形もないのはこの黄金のせいである。国外へ亡命しているのだ。

アクロポリス建設のさいにペイディアスはペリクレスと親密な関係にあったから、現政権の敵にとってはかっこうの攻撃対象になってしまった。女神像を飾っている黄金の一部を着服したと告発され、ペリクレスにも守りきれないとなって、ペイディアスはギリシア南部のエリスに逃げた。そしてそこで、先に述べたとおり傑作オリュンピアのゼウス像を制作したわけだ［オリュンピアはエリス市内にある神域の名］。そういう例はこれが最後ではないが、天才であってもさもしい政治闘争や小物の嫉妬と無縁ではいられなかったのである。

ペイディアスの弟子たちはいまもアテネで活動しているが、擬古主義的な彼のスタイルはすたれ、写実的というか、ほとんど人間そっくりの像が昨今の流行りである。これにいささか眉をひそめる向きもある。アテネの彫像には彩色がほどこされるため、ほんとうに生きた人間のように見えるからだ。いまから1世紀ほどのちに、天才プラクシテレスが「クニドスのアプロディテ」を制作するが、いまよりさらに開明的な時代になっていたにもかかわらず、裸婦の像を作る是非をめぐって葛藤が起こるほどである。この葛藤は身体的な影響まで及ぼし、リソフィリア——石像と性交渉をもとうとすること——がしばらく問題にされることになる。

言うまでもないが、せっかくアテネに行くのなら、偉大な劇作家にひとりぐらいは会っておきたい。なにしろ今後数千年にわたって、その作品が劇場の舞台に光輝を添えることになる人々なのだ。残念ながら、悲劇を創始した最初期の偉大な劇作家のひとり、アイスキュロスはすでに世を去っている。マラトン戦役でペルシア軍と戦い、アテネの劇場を導く灯台となり、また世界を広く旅したことでも知られる人だ。そして20年ほど前にシケリアのゲラで最期を迎えたのだが、その亡くなりかたが尋常ではなかった。カメをつかまえたワシが、適当な岩に落としてその固い甲羅を割ろうとして、不運な獲物を落としたのがまさしくアイスキュロスのはげ頭だったのだ。カメが助かったかどうかは記録されていないが、アイスキュロスは助からなかった。彼の息子たちは父の思い出を忘れず、その作品はいまもひんぱんに上演されている。観劇を楽しみたいなら、アテネに行くタイミングを調整して、レナイア祭か大ディオニュシア祭の時期に着くようにするとよい。この時期には数多くの劇作品が競技会に出品・初演され、それが祭の目玉になっているのだ。また、とくにアイスキュロスの陰惨な『アガメムノン』、あるいは『テバイ攻めの七将』が上演されていないか気をつけて調べよう。レナイア祭と大ディオニュシア祭のあいだによく上演されるからだ。

いま存命の悲劇作家のうち最も偉大なのは、おそらくソポクレスだろう。『オイディプス王』と『コロノスのオイディプス』の作者と言えば、もうなにも言う必要はあるまい。この名高い2作のうち、後者は未完のままソポクレスは没したが、そのほかに100もの作品をその生涯に完成させている。ちなみにコロノスとはソポクレスの生まれたデモスの名だ。ソポクレスは若いころは美貌で知られ、ゆうに中年を過ぎたいまも美少年好きで悪名高いのはそのせいかもしれない（ソポクレスは、ペルシア戦争中の前490年代の生まれ）。

有名な先達のアイスキュロスと同じく、ソポクレスはた

ここなソポクレスは、エウリピデスより偉大だ。
——アリストパネス『蛙』92、ヘラクレスのせりふ

んなる劇作家ではない。実務家としても名高く、戦場で戦った経験も豊富だ。ある軍事遠征のとき、はっとするほど美しい新兵を見てソポクレスは感嘆の声をもらし、それを耳にしたペリクレスに、将軍は手だけでなく心も清廉でなくてはならないとたしなめられたという。

ソポクレスを自宅に訪ねるのはやめておこう。彼はいまテバイ三部作［テバイの王オイディプスを題材にした『オイディプス王』『コロノスのオイディプス』『アンティゴネ』の3作］を執筆中なのだ。この劇は翌年アテネで公開されて、悲劇の部であらゆる賞を総なめすることになる。ソポクレスはアテネ演劇界の老大家というだけではなく、舞台芸術を新たな方向に推し進めてもいる。以前のギリシア劇では、物語を進めるのは主として合唱隊（コロス）の役割だったのだが、ソポクレスは俳優の役割を高めてコロスを俳優の補佐役とした。これによって、澄明にして率直、それでいて胸を刺す悲哀に満ちた散文体の悲劇を作りあげたのだ。

> そうとも、愚かさに染まった者は地獄（ハデス）に隠れたがいい。たとえ不朽のアカイア人の高貴な血統に連なる者だとしても、彼はもはや祖先のような気質は持たず、みずから道を踏み外している。おおテラモンよ、不運な父親よ、あなたの息子にかけられた呪いのなんと重いことか。
>
> ――ソポクレス『アイアス』635-

それはそれとして、高尚な悲劇はいささか苦手で、神々や運命との苦闘を見せられると大きな酒壜と蜂蜜菓子が恋しくなるという向きは、数年間劇場には近づかず、アリストパネスの作品が舞台にかかるときを待ったほうがいいかもしれない。

ソポクレスが哀切なら、アリストパネスは猥褻だ。トゥキュディデスがいつまでも読まれる作品を書くなら、アリストパネスは内輪のジョークやいまの時事問題への言及を詰め込む。いまの権力者に対する彼の皮肉は痛烈で、槍玉にあがった犠牲者を串刺しにするも同然だ。なにしろアリストパネスの劇を観に行く楽しみのひとつは、からかわれているご当人が、顔に張りつかせた苦笑いの陰で歯ぎしりするさまを見物することにあるのだ。アテネ人自身も愛情をこめてからかわれている。たとえば『鳥』にこんな一節がある。

ああ諸君、空に名高い都市を築いた諸君、それを人間たちがどれほど褒めたたえ、どれほどここに住みたがっているか諸君は知らない。この都市が築かれる以前、人間はみなスパルタのファンだった。長髪と断食が流行りで、（ソクラテスみたいに）汚れほうだいで、長い杖を持ち歩いていた。それがいまじゃ様変わりだ。夜明けとともに起きて餌をとると、飛んでいって掲示をつっつき法令をがつがつ丸飲みする。鳥頭どもがいたるところにいて、それが証拠にほんとに鳥の名前を持つものが大勢いる。……メニッポスはツバメを自称してるし、オプンティオスは独眼のカラス、ピロクレスはヒバリ……メイディアスはウズラだ――たしかに、頭をがつんとやられたウズラによく似てるからな。人間は何万とここに押しかけてきて、羽毛だのかぎ爪だのを欲しがる。移住者のために翼を仕入れておくのを忘れないようにな。

——アリストパネス『鳥』1605-

いまはアリストパネスはまだ若く、目を丸くしてアテネを歩きまわり、活況に沸く町の雰囲気を、そしてこの時代の知的活力を楽しんでいる。しかしそのいっぽう、同盟国を属国にして食い物にしている人々の偽善に目を留め、アテネを誤った方向へ導いていると感じて民衆煽動家に軽蔑を抱きはじめてもいる。戦争が始まると、無意味な悲劇とむだに失われる人命におぞけをふるい、彼の劇は平和を強く訴えるものになっていく。後世に伝わる最初期の作品『アカルナイの人々』には、戦争から身を引くために個人的に和平条約を結び、おかげでたいへんな恩恵を受けるという人物が登場するほどだ。

アリストパネスにとって、最高の時代はいまだ。後期の作品では、いまのアテネ帝国——戦争や疫病の猛威に傷つく以前、輝かしい自信をもって未来を見つめている——がしばしば懐古の対象になっている。アリストパネスの典型的な登場人物はいささか反動的で、社会の変化を嫌い、干渉されずに伝統的な生活を続けたいと望んでいる。そしてこれは典型的なアテネ人像でもあるのだが、彼(または彼女——アリストパネスは好んで女性を主役にしている)は頑固で、粘り強くてがむしゃらで、いざとなれば暴力に訴えるのもためらわない、そういう人物だ。

政治、芸術、演劇、そして哲学という面で、前430年代のアテネはギリシアを、そして人に知られたあらゆる世界をリードする存在だ。ここにあげた人々は、それぞれの分野で新天地を切り開き、のちの西欧文明の多くはその基礎のうえに築かれることになる。かれらはパイオニアの第2世代で、政治の分野ではソロンやクレイステネス、芸術ではアイスキュロスやヘロドトスの仕事を受け継いでいる。そしてかれらのあとにも、後世にその名を轟かせる偉大な人々が続く――プラトン、アリストテレス、デモステネスなど、例をあげればきりがない。しかし、そのすべてが過去をふりかえって憧れるのはいまのアテネ――黄金時代絶頂期のアテネなのだ。

第6章
アテネの1日

プニュクスの朝 § 劇場の午後 § 饗宴(シュンポシオン)の夜

デマデス　デモステネスに［政治的な修辞法を］教わったんだろうって？ そりゃ、アテナ女神が雌豚から手ほどきを受けるようなもんだ！
デモステネス　それでか、このあいだコッリュトスの売春宿でアテナが働いてたのは。
——プルタルコス『デモステネス伝』11

プニュクスの朝

少なくとも月に1度（ただし、法廷が開かれているときや祭祀がおこなわれる期間はべつ）、アゴラなどアテネの特定の場所で奇妙な光景が繰り広げられる。スキュタイの弓兵に守られた奴隷たちが現われて、市場の端で赤いロープを伸ばし、それを持ってゆっくり歩きはじめるのだ。その場にいる女や奴隷は逃げ出し、また少なからぬ数の男たちも逃げていく。ほかの男たちはそれまでやっていた仕事を続けるものの、近づいてくるロープを用心深く見守っている。すぐそばに来るまで動かない者も多いが、身体に触れるのはだれもがよけようとする。ロープの染料は乾いておらず、服や身体に触れると色がつくのだ。

ロープに追われて人々が移動しはじめる。最初はゆっくりだが、しだいに焦ってプニュクス――アゴラの南西400メートルほどにある丘――に向かいだす。途中で細い通りに入れば、混雑のせいで早く進めなくなるから、だれもしんがりになりたい者はいない。ロープに追いつかれて赤いしるしをつけられたら、ぐずぐずしていたというので罰金が科せられる。なにしろ民会（エツクレシア）――アテネ市民の集会――に出席するという義務が待っているのだ。

アテネの民主政（デモクラティア）について最初に気がつくのは、それが物議のまとだということだ。政治的な制度として物議をかもすのは、ギリシアじゅうの貴族に忌み嫌われている制度だから当然だが、その名称じたいも議論のまとなのだ。「デモス」は「おおぜいの民衆」を意味し、「クラトス」はありていに言って「力」という意味だから、「デモクラティア」は実際には「烏合の衆の支配」というかなり悪い意味の言葉である。「デマルキア」すなわち「人民の支配」ぐらいのほうが穏健な表現だ。しかし、このテーマをとりあげる同時代の著作家はたいてい貴族だから、「2頭の狼と1頭の羊が夕食のメニューを投票で決めるようなもの」というのが、アテネ民主政に対するかれらの見解である。したがってそれに合わせて言葉を選び、その用語が後世に残ることになるわけだ。

だが実際のところ、アテネの民主政は普通選挙制にはほど遠い。普通選挙権といえば文字どおりには「有権者1人につき1票」という意味だが、アテネの「有権者」とは「女性でない人」という意味だ。そして「人」が意味するところもきわめて狭い。未成年（選挙権を持つのは20歳以上）であってはいけないし、外国人でも奴隷でもいけない。実際のところ、政治的な意味で言う「人」とは、社会的地位のある男性のアテネ市民のことなのだ。この基準を当てはめると、それだけで有権者数はアテネの人口の10分の1にまで減少する。だから、プニュクスで集会が開かれているからといって、市内ががらがらになったりはしない。また、委任状も郵送票の制度も存在しないから、自分の意見を表明するにはその場に出席していなくてはならない。仕事や戦争（アテネは先ごろ、エジプト遠征の失敗で大打撃を受けたところだ）でアテネを離れている人、家族の問題で出席できない人もいるだろうに。とはいえ、たいていのアテネ人はこの制度を大いに誇りにしているから、この話をおおっぴらに口にするのはやめておいたほうが賢明というものだ。

実際のところ、投票権をもつアテネ市民は全部で3万人ほどいるから、全員が出てきたらそれを収容できる場所などない。それが理由で、陶片追放（この場合、定足数は6000人以上だ）の投票はアゴラでおこなわれる。プニュクスに何千人も集まったら、あまりの混雑で息もできないぐらいだろう。そもそも「プニュクス」という名前じたい

「ぎゅう詰め」という語がもとになっているのだ。しかしふだんの集会なら、出席者数は3000人か4000人ぐらいだから、投票権のない観光客が紛れ込んで見物する余地ぐらいはふつうある。だからあまり気にせず、人々にまじって丘をぶらぶら歩いてみよう。もっとも、ただの見物人が入れない一線は決まっており、障壁があって弓兵が警備しているから、それは越えないように気をつけたほうがいい。

物理的には、プニュクスは見物したいような場所ではない。南向きの丘腹で、ちょうどよく斜面になっているから、ふもとにあるベマ——演説者の立つ平らな岩——を見おろすことができるというだけだ。

集会を監督する9人の公職者は陽差しから多少守られているが（雨は神の不興の表われだから、降りだしたら民会は中止になったりする）、それ以外の参加者はみな露天に座っている。つまり壮麗な建築物などなにもないということだ。しかし、この埃っぽい斜面は、世界で初めて定期的に民主的な議会が開かれた場所であって、そのゆえにこの地球上で最も重要な場所のひとつなのだ。

みなが知り合いに挨拶をし、適当な場所を探して押し合いへし合いし、なんとか腰を落ち着けると、やがて民会は始まる。ときおり怒号や反論の叫びがあがるし、出席する資格のない者が見つかって小規模な乱闘が始まることさえある。アテネ市民でも民会に出席する権利を剝奪されることがあって、それは国庫に負債を作ったり、両親に暴行を加えたり、デモスの選挙人名簿から抹消されたり、戦場を大急ぎで離れるために盾を捨ててきたりしたときである。

人々がまわりを見わたし、出席する権利のない者はいないかと確認しているあいだに、さまざまな種類の神官が浄めの儀式をとりおこなう。また不法侵入者とか、人々を惑わして道を誤らせようとする者に対して、触れ役が儀式的な呪いのことばを浴びせかける。それがすむと触れ役は「発言したい者はいないか」というお定まりの宣言を発し、これによっていよいよ議事進行となる。理屈のうえではだれでも立ちあがって、指名されればだが、発言することはできる。しかしよほどたくましい神経をしていなければ、批判精神旺盛な数千人の聴衆に向かって自分の意見を開陳できるものではない。それに同じぐらいたくましい肺も必要だ。しかも、ほかの発言者はほとんどが半本職である。つまり、レトルと呼ばれる世に認められた雄弁家なのだ。しろうとが発言などしたら、その論理とか話しぶりの弱点をここぞとばかりに指摘し、文字どおり公衆の面前で大恥をかかせて得意満面になる連中だ。だから大多数の出席者は、発言しないふつうの出席者のままでいることを好む。こういう出席者はだいたい「イディオテス」と呼ばれ、これがもとで多くの職業政治家が有権者のことをそう見なすようになるのである［ギリシア語の「イディオテス」は「しろうと」の意だが、ここから派生した英語のidiotは「愚か者」の意］。

一般に、民会で話しあわれる問題は、前もって「評議会（ブーレー）」と呼ばれる委員会で用意される。しかし、使節団や大使らは民会で直接報告をし、外交政策はそれに基づいて決定されている。専門的な問題の場合は、発言者はふつうその問題にあるていど詳しいことが期待されるが、政治的な問題であれば、だれの発言でも歓迎される。靴作りだろうと船の船長だろうと、あるいは貴族だろうとかまわない。

しかし、これ［船の建造］について助言しようとする者がいたとして、それが船大工と認められなかったならば、どんなに裕福で美男子で貴族だったとしても、その人物の助言が聞き入れられることはないだろう。笑い物にされ、嘲られ、引っ込めと野次られて、それ以上続けられなくなって立ち去ることになる。司会の公職者の判断しだいでは、民会から完全に追放されるかもしれない。

——プラトン『プロタゴラス』319B–C

議題はあらかじめ掲示されるので（たとえば、アクロポリスの南斜面にあるディオニュソス・エレウテリオスの神域などの掲示を見よう）、多くの出席者はなにに投票することになるのか最初から知っている。ときおり、民会でこう決め

集会で嘘をつく以上に重大な罪はない。政治は演説に基づいておこなわれるのだから、その演説が虚偽だったらどうして政治をおこなうことができようか。

——デモステネス『使節団の背任について』19・184

クレオンは演壇に立ち、聞き苦しい怒鳴り声で品のない雑言を吐き散らした。

——アリストテレス『アテナイ人の国制』28・3

るべきだとブーレーが強い意見をもっていて、実質的にその提案の承認を求める形になることもある（もっとも、承認が得られるかどうかはまったくわからない）。つまりアテネ民主政ではブーレーが重要な役割を果たしているのは明らかだから、政治家がブーレーに加わるのは制限されている。陪審員のように、こういう重要な公職者はほぼ文字どおり「帽子から取り出す」形、つまりくじ引きで決まる。だから、次の１年にどんな役職があたるかだれにもわからない。とはいえ、同じ役職に１人の人間が複数回あたることはないので、少なくともそれだけは安心だ。

民会にはさまざまな種類がある。法案を審議してアテネがとるべき行動方針を決定するための会もあるし、将軍を選ぶ会や、戦役のあとで集まって、いまの将軍たちの戦いぶりを顕彰するか、あるいは非難するか決める会もある。また、法案を承認したり、修正するための民会もある（法案は「ノモテテス」という委員会でべつに草案が作られ、アゴラであらかじめ公表される）。

どの民会も司会の公職者によって監督されるが、その公職者と民会との関係は、ライオンの調教師とライオンとの関係に似ている。公職者が手綱を握っているあいだはいいが、そうではないとみなが思いはじめると非常にまずいことになる。経験により、当局は公職者に暴行を加えた者には50ドラクマの罰金を科しており、それである程度は身体的な安全が保証されているのだが、それでも賢明な公職者はだいたいにおいて、潔く身を引くべきときをわきまえているものだ。もっともソクラテスは（やはりというべき

アテネ豆知識

†プニュクスの丘のほかに同様の丘が２つあり、ニュムペの丘とムサの丘と呼ばれている。

◎

†プニュクスが民会の場として選ばれたのは、丘腹が湾曲していて天然の円形劇場をなしていたからだろう。

◎

†のちに僭主らがプニュクスに手を入れたため、演壇に向かって座る聴衆からは海が見えなくなった。海に向かう精神が民主的な思想につながると考えられたのだ。

◎

†民会で演説するには20歳以上でなければならず、また軍務を１期以上経験することが必要とされている。

◎

†民会は年に40回ほど開かれる。

◎

†懐疑的なトゥキュディデスによれば、民会に出席できる人数は5000人が限界だという。

か）のちにただひとり民会の意向に異を唱え、スケープゴートにされたアテネの提督たちの合法リンチを許さないとがんばることになる（とはいえ、民会はソクラテスの反対など意に介さず、「アテネに道を踏み誤らせた」提督を罰する法を可決してしまった）。

今日は民会の日で、もう朝が来たってのに、プニュクスにはだれもいない。
みんなぺちゃくちゃしゃべりながらアゴラを行ったり来たりして、
真っ赤な染料を塗った綱から逃げまわっておる。……
だがおれは早くからやって来て、騒ぎを起こそうと待ち構えておるのだ。
演説するやつをぎゅうぎゅうに絞りあげて妨害してやるぞ。
――アリストパネス『アカルナイの人々』19-、ディカイオポリスのせりふ

通常は、議事進行は活発ながら節度を守っておこなわれるが、これは主として演説者には高い基準が求められ、それが満たされると（通常は満たされるものだ）みんな満足するからだ。悪名高いクレオンなどの民衆煽動者が出てくると、会議はもっとにぎやかになり――たまにクレオンが話を聞いてくれと頼み込むほどになる。といっても、それは彼の提案の根拠が明らかになるまでの話である。それはおかしいと突っ込まれると、クレオンはためらうことなく怒鳴り返し、批判してきた相手を口汚くののしるのだ。

議論が尽くされると、そろそろ決を採ってよいころだと司会の公職者が判断する。それに反対する声があがれば、討論がさらに続けられることもあるが、しまいには投票の時が来る。投票は基本的に、賛成者の挙手によっておこなわれる。正確に数をかぞえることはしないので、賛否にあまり差がないようなら討論をさらに続けるか、あるいはその議決は延期される。というより、夕暮れになっても結論が出ない場合はすべて延期されるのだ。票を数える機械（つまり担当する公職者の目）が夜間は役に立たないからである。

マイナス（ディオニュソスの狂信女）たちが神像の前でダブルフルートを吹き、舞い踊っているところ

劇場の午後

適当な時期を選んで来れば、アテネの演劇祭を楽しめる。適当な時期というのはエラペボリオン月の第9日から第13日まで（だいたい3月24〜28日）、上弦の半月から満月までの期間である。これは酒神ディオニュソスの祭で、その年最初のワインの味見ができるワイン収穫祭からちょうど半年後におこなわれる。アテネ人は飲んで騒ぐ口実はけっして逃さないから、ディオニュソス・エレウテリオス（エレウテライ区のディオニュソスの意）の祭のあいだは国をあげてどんちゃん騒ぎになる。エレウテライはアッティカの国境のデモスで、この神と特別深いつながりがある土地だ。伝説によれば、エレウテライは独立の都市だったが、ひとつには近隣のテバイに対する恐怖から、アテネのデモスになることを選んだ。そして統合の象徴として、古いけれどもあつく尊崇されていた守護神ディオニュソスの木像をアテネに贈ったが、アテネでは受け入れを拒否した。この侮辱に怒った神の罰でアテネに疫病が蔓延し、謝罪のためにディオニュソス・エレウテリオスの祭が祝われるようになったという。

祭の始まりを告げるのは、アカデメイア近くの神殿からディオニュソス像を「迎え入れる」行列だ。ほろ酔い機嫌の若者たちが松明行列で運んでくる。演劇は暗黙の性的な含みと結びつきやすいものだが、これ見よがしのヤギ皮にそのことがはっきり示されている（ヤギは性的能力の象徴）。またディオニュソス神の戦車をラバに牽かせているのも、生殖を目的としないむなしい快楽の象徴だ。ラバには繁殖能力がなく、その性行為には快楽以外の目的がないからである。

翌日には、神を歓迎するために正式な行列がやって来て、劇場地区にあるディオニュソス神殿にあらためて神像が安置される。行列の先頭近くにはカネポロスと呼ばれる貴族の乙女が歩いていて、頭に黄金色のかごをのせている。かごに入っているのは神への供物で、そのうち最も重要なのはぶどう――ディオニュソスの愛する酒の原料だ。花冠をかぶっている者もいれば、紫と黄色と黄金色の晴れ着を着ている者もいる。また巨大な男根像を振りながら、卑猥な叫びをあげる者もいる。これは抑えがたい生の喜びを祝う祭なのだ。

かくして犠牲が捧げられると（たとえば、例によってなんの罪もないヤギ（文字どおり犠牲のヤギ《スケープゴート》だ）が、多くの人々の罪をあがなわされると）、人々は腰を据えて劇の鑑

祭壇に向かう行列（ヤギを連れている）

マイナスたちに近づくときはご用心。いったん狂乱が始まれば、動物を引き裂いて殺し、生のままむさぼり食うのだ。

賞に没頭する。今後上演される劇のなかでも指折りの傑作のいくつかが、いまここで上演されようとしているのだ。芸術の1ジャンルとしては、演劇はまだ生まれて1世代にしかならない。それを思うと驚嘆せずにいられないが、その最高の創作者たちがいまこの市に生きていて、数千年にわたってくりかえし上演される劇をいま作っているのである。

劇がかかるのは劇場だけではない。いまでも元祖テスピスのひそみにならって（次々ページの「アテネ豆知識」参照）、あちこちで芝居をかける旅の一座もある。

ペリクレスの音楽堂（オデイオン）はぜひ見ておきたい。これはアクロポリスの南斜面に建てられた大会堂だが、その屋根はペルシア王の大天幕を模したもので、ひとつの頂点から四方に下る斜面をなしている。ギリシア軍が王の本物の天幕を奪ったのは、前479年のプラタイアイの戦いのときだから、これはそれなりに本物に似ていると見てもいいだろう。オデイオンは音楽の催し、なかでもパンアテナイア祭のときに歌を歌い、笛とキタラ（竪琴の一種）を演奏するのに用いられる。しかし本格的な演劇を観たければ、やはりその場はひとつしかない。そしてそれはオデイオンのすぐそばにある。劇作家たちは今年最高の劇という名誉を競ってここで作品を上演し、神はその努力を祝福激励する。つまりはここが、周囲を圧する巨大なギリシアの夢の劇場、すなわちディオニュソス劇場なのである。

アクロポリスのすぐそばだから、丘の一部を削らなくては観客席が作れなかった。これによって、演技の焦点である舞台とオルケストラの周囲を囲んで、半円形の露天の観客席ができたわけだ。舞台の奥にあるのがスケネで、これは２階建てのしっかりした建造物であり、それぞれの劇に合わせて背景幕として絵を描いたカンヴァスをかけるか、あるいは絵の入った衝立が立てられる。ちなみにオルケストラというのはコロスが演技をする舞踏場で、劇のかなりの部分がその演技によって展開される。じつを言うとかつてはそれだけで展開されていたのだが、先ごろ前５世紀の知的革命が起こってそこに俳優が付け加えられ、コロスのトラゴドイ（ヤギの歌の意）で語られる行為を実際に演じてみせるようになったのだ。

午前中に演じられるのは悲劇、つまり人の本性と現実とが衝突するという痛ましいテーマの演劇だ。巧みに作られた悲劇は、人の抑圧された感情にはけ口をもたらす。これがカタルシスである。そのいっぽう、登場人物によって喚起される憐れみや同情といった感情（パトス、英語読みで

アテネ豆知識

†性行為と殺人は公衆の面前で演じるのにふさわしくないので、舞台の外で起こることになっている。

◎

†悲劇は、罪のないヤギ［スケープゴート］を悼む葬送曲として始まったのかもしれない。多くの人々の罪を祓うために犠牲になったのだから。

◎

†劇場の音響効果は、着工前に数学的に計算されている。

◎

†音波を調節するために、観客席に大きな陶製の壺が配置されることがある。

◎

†悲劇役者（テスピアン）という名称は、イカリアのテスピスに由来する。前6世紀、書かれた戯曲を初めて演じた俳優として知られる人物である。

はペーソス）はのちの世代に「パセティック（みじめったらしい、情けないなどの意）」という言葉をもたらしている。歴史もそうだが、悲劇はギリシアの生んだ最も影響力の大きい文学だ。そして、いまここでおこなわれている祭において、悲劇はひとつのジャンルとして明確な形を与えられたのである。筋書きは英雄物語や神話のテーマからとられているが、それはホメロスなどの詩を通じて観客にもよく知られている内容だ。神々と流血の惨事とが気前よく盛り込まれ、そこで扱うのは性と殺生と無差別の暴力である。主人公の家庭では、性行為はもちろん殺人事件もしばしば

喜劇役者たち。仮面をかぶり、詰め物をした衣装を着て、革製の陰茎をぶら下げている

起こるが、ただし実際に殺す場面は舞台上では演じられない。殺されたあとの遺体がさまざまな演出によって舞台に運び込まれ、胸の痛む栄光に包まれて披露されることになるのだ。

劇の上演になくてはならないのが音楽である。ひとつの劇に5回ほど合唱がはさまるので、ギリシア悲劇は多くの点でオペラに似ている。複雑な筋書きの全体が韻文（短長六歩格）で語られるが、これはサテュロス劇――午前中のもうひとつの演目――から生まれてきた形式だと広く信じられている。サテュロスは半人半獣で、酒色に目がない。当然ながらディオニュソス神の従者であり、この神話上の生物が登場する劇は、ギリシア演劇のなかでもとくに古いもののひとつだ。サテュロス劇でおもにとりあげるのは謎かけであり、また火や酒や音楽がいかにしてこの世に出現したかという寓話であり、そして神々の女王ヘラによってディオニュソスが狂気に追いやられたとき、それにつき従ってサテュロスがいかに各地を遍歴したかという物語だ。

劇が始まるさいはその合図にラッパが吹き鳴らされるが、観客はこれからなにが始まるか承知している。祭の最初におこなわれる儀式において、俳優や劇作家がすでに紹介されているからだ。すぐれた劇が上演されたとき、最も高く称賛されるのは劇作家でも俳優でもなく、コレゴスすなわち上演のお膳立てを整えた興行主だ。劇を上演するには多額の経費がかかるから、それを負担することはレイトゥルギアすなわち公共奉仕と見なされる。つまり、アテネに軍艦を寄付したり、公的な建造物を建てたりするのとほとんど同等と考えられているのだ。裕福な市民にとって、それは公共心を広く示す機会であると同時に、納税の一形態でもある。劇の費用を出資するのはレイトゥルギアとしてとくに重要だ。上演費用を負担した劇が優勝すると、出資者には不朽の名声と政治的影響力がもたらされるからである。

優勝した劇に対して与えられる青銅の鼎は、ディオニュソスの神域に発してアクロポリスの東から北東側をめぐる道沿いに展示される。それにはコレゴスと演奏家と劇作家、そして主宰したアテネの公職者の名前が刻まれている。

ギリシア悲劇には忘れがたい女性登場人物もいるが（たとえばメデイアやアンティゴネなど）、アテネ人の女性は人前で舞台に立つことはない。女性の役も男性が演じるのだが、女性のふりをするのはそうむずかしくない。大劇場では細かいしぐさや表情はお呼びでないのだ。というより、顔の表情はまるで見えない。演じる人物ごとにその典型を表わす仮面があって、俳優はそれを着けているからだ（その劇が優勝すると、神の祝福への感謝として、俳優はのちにその仮面をディオニュソス神に奉納することもある）。

午前中の演劇で心を揺さぶられたのち、観客は劇場を出て腹ごしらえをし、また酒を1、2杯引っかけて午後の演し物、つまり喜劇に備える。このころ――ともう少しあと――には、祭のあいだに5本ほど上演される。最高の喜劇作家であるクラティノス、エウポリス、そして（もう少しあとだが）アリストパネスの名前がないか気をつけよう。なお、これは強くお勧めしておくが、神経の繊細な向きは午後のお楽しみはよそに求めたほうがよい。なにしろこう

喜劇役者。この仮面の大きな口は、拡声器の役割を果たしているのかもしれない。

いう喜劇作家ときたら、「抑制」といえば緊縛かSMのことしか思っていない。どぎつい排泄物関連のジョークや露骨で卑猥なユーモアが、暗殺とか政治的な嘲弄などとごたまぜになって、観客の感性に猛攻をしかけてくる。観客もやられっぱなしではなく、だいたいが大声で辛辣な野次や嘲弄を投げつけたり、派手な身ぶり手ぶりで怒りや反感を表明している。

午前中の洗練された劇のときとはちがって、午後には女性が舞台に登場する。これはつまり、筋書きが現実的になってくると、だいたいにおいて服を脱ぐ場面が必要になってくるということだ。せりふのない役で、演じる「女優」は奴隷である。現実にもそうだし、また（だいたいにおいて）舞台上でもそうである。こんな見せかたをされるといやでも思い出すが、アテネの人々はいつでもどこでも平気で残酷なことをする――すっかりくつろいで陽気に騒いでいるときですら。

悲劇では同時に舞台に出てせりふをしゃべる役柄はたいてい３つまでだが、喜劇ではそれが４つかそれ以上もある。悲劇の登場人物は重い長衣を着ているが、喜劇役者はもっと動きやすい短いチュニック姿だ。そしてたいてい滑稽な効果をねらって詰め物をしている。役者によっては、股間に大きな革製の男根をぶら下げている者もいる（ギリシアでは、もっと小さい、全身と釣り合う大きさの性器が美的にすぐれていると見なされる）。一般的に言って、喜劇で扱うのはアテネがいま直面している現実の問題であり、それに対する解決策が提示される。その解決策が突飛で奇想天外であればあるほど、観客は喜ぶ。だから空飛ぶフンコロガシにまたがって天界へ行き、市の窮状をじかに神々に訴えるとか、富の権化（プルトス）を連れてきて貧乏神を追い出すとか、さらに突拍子もないところでは、アテネの問題を解決するために女に投票権を与えたりするわけだ。

アテネの喜劇が痛快なのは、その悪口雑言が――奇想天外で滑稽なのは当然として――野卑であると同時に高度に洗練されているからだ。喜劇は、午前中に上演される悲劇の伝統を借用して引っくり返し、美しく陰影に富むアッティカ方言をねじ曲げて利用する。午前中の悲劇が情緒的なカタルシスだとすれば、午後の喜劇は政治的なそれだ。これほど徹底的に嘲笑の種にされながら国の指導者がそれを黙認しているなど、ほかのどの時代どの文化でもありえないことである。そんなわけで、アテネの喜劇は要するに、無慈悲で下品で残酷で政治的に正しくなく、そしてとにかく面白い。観るなら自己責任でどうぞ。

シュンポシオンの夜

アウトリュコスとその父上を宴会に招こうと思っています。

古式ゆかしいシュンポシオンの客。貴族は長髪を好む傾向がある。

これは付け加えるまでもありませんが、先生のような立派なかたにもったいなくもご来臨を賜ることができれば、宴会がいっそう華やかに盛りあがるのはまちがいありません。

——クセノポン『饗宴』1

アテネに知り合いがひとりでもいれば、まずまちがいなく滞在中に1度は宴会（シュンポシオン）に招待されるだろう。一般的に言って女性は、ヘタイラ（以下参照）でないかぎり、あるいはヘタイラと見られてもかまわないというのでないかぎり、そういう招待は断わったほうがよい。また男性であっても、招待を受ける前にどういうシュンポシオンなのかちゃんと確認しよう。ソポクレスにおける神の寓意とか、六歩格の長短のリズムが適切に読まれているかとか、そういう議論が交わされるシュンポシオンもある。議論のお供は上品な竪琴の演奏と、ぶどう風味の水かと思うほど薄めたワインだったりするかもしれない。そうかと思えば、それほど上品とは言えないシュンポシオンもある。酔っぱらって裸の笛吹女とどんちゃん騒ぎをし、家具調度を壊し、あたりかまわず吐き散らすというような。またどちらの極端にも走らない、ほどほどのシュンポシオンもあるだろう。好みに応じて選ぼう。

どんなシュンポシオンになるか判断する手がかりはもうひとつある。部屋に入ったときにバラや銀梅花の香りがしていたらたぶん酒宴になるだろうし、シモツケソウの香りがするなら、たぶん主人はあまり酔っぱらわせたいと思っていないのだろう。またニオイアラセイトウの香りがするのは、あっさりした軽食が出てくるというしるしだ。シュンポシオンの客（ふつう15人から30人）はアンドロンこと男部屋に引っ込み、寝椅子1脚につきひとりかふたりずつ横たわる（ひじをついて上体を起こすときは、右側でなく左側のひじをつくように）。室内装飾は、その家の主人にどれほど財力があり、どれほど趣味がよいかを誇示する手段だ。寝椅子もそうだし、寝椅子のそばの低い食卓もそうだ。また壁には贅沢な壁掛けがかかっているだろうし、床はモザイクで装飾されているのがふつうである。

シュンポシオンとは要するに、語のもともとの意味のと

シュラクサ人は、なにも食べずにひたすらカエルのように飲む。

――アテナイオス『食卓の賢人たち』101c、アルケストラトスのせりふ

おり「ともに飲む」ことである。それを肝に銘じておこう。だから、招待を受けたときには「デイプノン」――宴会前の食事――が出るかどうか確認しておくとよい。もし出るのなら、オリーヴ油をふんだんに使った料理を選んで食べておこう。そうすれば、急激に酔いがまわるのを防ぐことができる。たとえば「タゲニタイ」などがよい。これは油で揚げた小麦粉菓子だが、ただし蜂蜜で味付けしたものを選ぶこと。海塩味のものだとのどが渇いて、せっかくの用心があだになってしまう。

食事がすむと食器が片づけられて（ときには食卓も）、いよいよシュンポシオンが始まり、まずは祈りと献酒がおこなわれる。献酒とは言うまでもなく神々に酒を供えることであり、文字どおりともに飲もうという神々への招待だ。

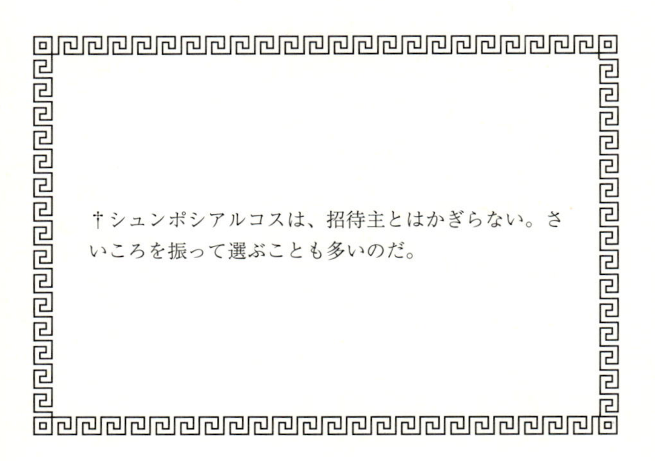

†シュンポシアルコスは、招待主とはかぎらない。さいころを振って選ぶことも多いのだ。

正式にはシュンポシオンを終えるときも同じようにするのだが、それができるぐらい出席者がしらふであればの話である。男性客は、午前中にアゴラで買った花冠をかぶることになっている。

シュンポシオンの重要なアイテムは、「クラテル」という大きな混酒器だ。よくよく観察しよう。ふつうワインは水で3倍か4倍に薄めるから、1杯でだいたいビール1杯と同じぐらいのアルコール濃度になる。混酒器の内側には小さな目盛がついており、シュンポシオンの司会者（シュンポシアルコスという）はそれを見て、みながどれぐらい酔っているかを判断するわけだ。

出席者のなかには何人かヘタイラが混じっているかもしれない。これはたんに「仲間」という意味だが、語尾がア行であることからわかるように、これは女性である。と言っても、アテネの社交生活において、少なくとも片足は男の世界に突っ込んでいる女性だ。簡単に言ってしまうと、規則に従わない女性たちのことをいう。普通の売春婦ではない（そちらはヘタイラでなくポルネという）が、自由に複数の相手とつきあう者もいれば、ただひとりの男としかつきあわない者もいる。奴隷も自由人もいるが情婦ではなく、同席するどの男より裕福な者すらいる。なかには頭のよさや教養の高さで知られる女性もいるし、だれのペットでもないことはまちがいない。全員に共通するのは、いわゆる「ちゃんとした」女性ではないということだ。

このご婦人がたは男性と肩を並べて酒を飲む。それどころか、ペースをあげようともっと大きな杯を最初に要求しだすこともある。宴席に用意された杯（キュリクスと呼ばれる特別な種類の器である）の大きさも、主人がどんな宴会を想定しているのか判断する手がかりになる。小さい浅い器（ソクラテスが好んだような）なら思索の夜になるだろう。政治について論じあったり、社会問題を分析したりするわけだ。大きくて深い器なら、おそらく陽気な劇（この場合、女性の登場人物はまちがいなく女性である）とか舞踊とか、コッタボスなどの宴席用のゲームが用意されているだろう。ちなみにコッタボスとは、ワインの澱（おり）を遠くへ飛ばして受け皿に当てるというゲームだ。受け皿はふつうろうそく立てにのせてあり、うまく当てれば落とすことができる。

一般的に言って、宴会は最初のうちは上品に進められ、シュンポシアルコスがみなで論じられるような話題をふる。この時点では、近くの席の人だけを相手に話をするのは失礼にあたる。シュンポシオンはグループの和を保つために開くのであり、その本来の目的に反する行動だからだ。発言は室内の全員に向かってするのが正しく、ひとりでしゃべりすぎるのも、また黙ってばかりいるのも礼儀に反する。

夜が更けるにつれて、こういう形式はだんだん崩れてくる。そうなったら少数の人とだけ話をするのも許されるし、なかにはボードゲームやさいころ遊びやコッタボスに熱中

ヘタイラは快楽のため、妾は日々の身の回りの世話のため、妻は嫡子を作り家内をしっかり守らせるためにある。
――デモステネス『アポッロドロスのネアイラ弾劾演説』59・122

【アテネの壺と酒杯】

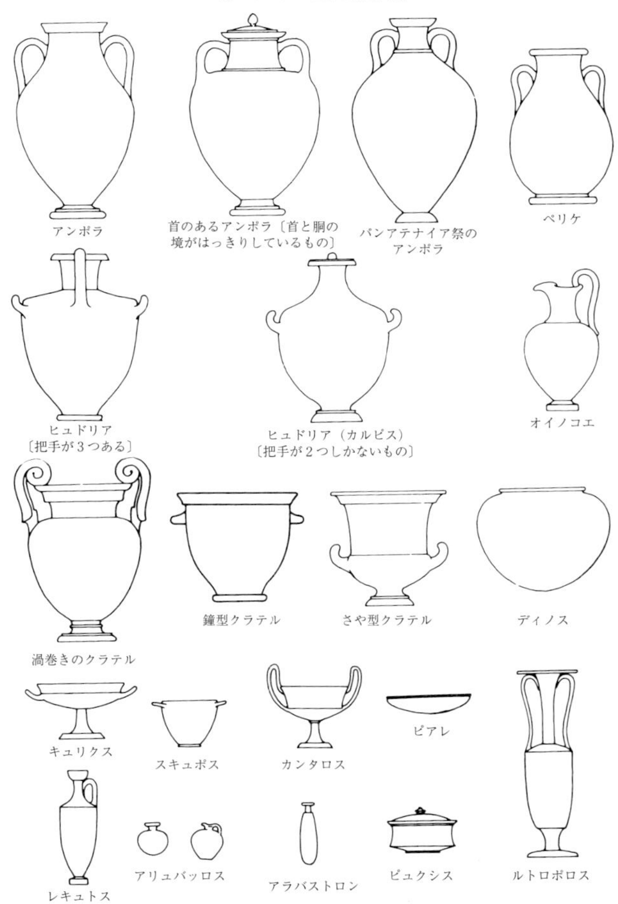
アンポラ
首のあるアンポラ〔首と胴の
境がはっきりしているもの〕
パンアテナイア祭の
アンポラ
ペリケ
ヒュドリア
〔把手が3つある〕
ヒュドリア（カルピス）
〔把手が2つしかないもの〕
オイノコエ
渦巻きのクラテル
鐘型クラテル
さや型クラテル
ディノス
キュリクス
スキュポス
カンタロス
ピアレ
ルトロポロス
レキュトス
アリュバッロス
アラバストロン
ピュクシス

する客も出てくる。とはいえ、すべてのシュンポシオンがそこまで行くわけではない。洗練されたシュンポシオンなら、酒と会話で始まり、また終わることもある。

神への献酒と讃歌がすみ、その他の儀式も終わると、かれらは酒を飲みはじめた。そこでパウサニアスが言った。「さてみなさん、今宵はどういう飲みかたをすればよいでしょうか。正直言って、昨日の宴会のあとでわたしは気分がすぐれないので、ひと息つきたいところなのです」

——プラトン『饗宴』176A

☞ワインの杯数（ディオニュソスの尺度）

クラテル1杯……（これで終わりならけちくさい）健康をもたらす
クラテル2杯……（最低限これくらいは）愛と快楽
クラテル3杯……（ふつう）睡眠
クラテル4杯……（ここらでやめとけ！）気が大きくなる。過度の自尊心
クラテル5杯……（そろそろやばい）浮かれ騒ぐ
クラテル6杯……（完全にやばい）酔っぱらって大騒ぎ
クラテル7杯……（もう手に負えない）けんかをして目にあざを作る
クラテル8杯……（滅茶苦茶）近所の人に通報される
クラテル9杯……（急性アルコール中毒を発症）嘔吐
クラテル10杯……（名誉回復に何か月もかかる）正気をなくして家具を投げる

座を盛りあげるために、ここでプロの芸人が登場することもある。たとえばまずは笛吹女、続いてさまざまな曲芸に通じた踊り子、それに美少年が優雅な竪琴の演奏と踊りで客を楽しませたりする。こういう芸人たちは一座として組織化されていることも多く、このような場に登場することで生計を立てているのだ。クセノポンの『饗宴』では、宴会の最後に少年と踊り子が寸劇を演じている。演目はディオニュソスとアリアドネの恋愛で、その演技には濃厚にエロスが漂っていたため、宴会の客の多くは夫婦の床の快楽の待つわが家にそそくさと引き上げていくことになる。

もう少し品のない集まりだと、客たちはわざわざ帰宅しようとはしない。宴会はしまいに乱交パーティになり、客と芸人たちが寝椅子のうえで見境なく交わり、要するにグループセックスを始める。シュンポシオンがこういうことになるころには、男性参加者の多くがディオニュソスに負け、宴会の成り行きには興味をなくしてテーブルの下で静かにいびきをかいているから、男女比の大幅なアンバランスは解消されるわけだ。いっぽう、シュンポシオンがだらだら続いてなんとなく終わってしまうと、まだ元気な客たちは一種のラインダンスの列（コモス）を作り、通りを踊り歩いてべつのパーティ会場に向かったりする。こういう

お気づきでないようですが、あなたがたのお話には髪の毛1本さしはさむのすら容易なことではありません。まして意味のある言葉などひとこともはさめるものではありませんよ。
――クセノポン『饗宴』6、ヘルモゲネスのソクラテスに対するせりふ

集団の場合、男性ホルモンのありあまっている若い男の比率が高いから、浮かれ騒ぎながらこっちへやって来る集団を見たら近づかないのが一番だ。そういう集団と集団が道のまんなかで出くわすと（そういうこともときどきある）、近くの家はルール無用のレスリングやボクシングの乱戦場に早変わりし、しまいに市の警備隊が大きな棍棒を構えて駆けつけてくることになるのである。

第7章
神々の都

ヘパイストスと仲間たち § アテナ女神とパンアテナイア祭 § エレウシスの秘儀 § 魔術と迷信

アテネには、世界で初めて宇宙機械論を唱えた人々が暮らしている。哲学者(ピロソポス)こと「知恵を愛する者」と呼ばれる人々だ。かれらは説明のつかない現象を「神々」のせいにするのでなく、自然界に原因を見いだそうとする。そういうわけでトゥキュディデスは、津波がふつう地震のあとに起こることに注目し、海底が大きく動くことが津波の原因だと考えた。「そうでなければ、なぜこのようなことが起こるのかわからない」と。異端とは言わないまでも革命的な言説だ。それ以前の世代は、地震と海の神ポセイドンが起こそうと思うから起こるのだ、と言ってすませていたのだから。

そうは言っても、アテネが経験主義的な合理主義に支配された都市だと思うのはまちがいだ。なにしろ神々がいたるところにいる。アテネ人はかたく神々を信じているから、無神論を公言するのは危険だ——生命とりとは言わないまでも。アテネ人は、無神論を合理的とは考えない。アテネでは、神々がいないというのはアゴラがないというようなもの、スパルタ人は存在しないと主張するようなものだ。神々が存在するのは当然のことで、ただその性質にいろいろ議論があるだけなのだ。とはいえ、アテネの神々はおおむねアテネ人に似ている。侮辱されたり無視されるのが嫌いで、その報復はいささか無差別的だ。アテネ人が無神論者を嫌うのは、隣に無神論者が住んでいたら、神々がそれを罰すると決めたときにとばっちりを食いかねないからなのである。

ヘパイストスと仲間たち

神々を愛する人はいない（もっともゼウスの場合は例外だ。ゼウスは性愛という意味での愛を高く評価していて、人類の半分である女性とともにあふれんばかりの愛に耽ろうとする）。またふつうのアテネの神々を完全無欠の神として崇める人もいない。ギリシアの神々は完璧にはほど遠く、全知全能ではまったくない。人間と同じ欠点をもっているし、それどころか神々特有の欠点までもっている。この世界を動かす力の具現と考えるほうがよい。

かつて哲学者は、神々を矮小化しているという理由で容認できないとされていた。神々の権能はたんなる無差別的な力にすぎず、自然と必然の法則を通じて作用するもので、自由意志をもつ行為者ではないと考えるからである。

——プルタルコス『ニキアス伝』23

畑の女神デメテルは、暖かく湿った土によって穀粒に生命を吹き込み、なにもなかった畑に波打つ黄金の実りをもたらす。狩猟の処女神アルテミスは、狩人と獲物の血をたぎらせる。その御心によって猟犬は獲物のにおいを嗅ぎつけたり見失ったりし、矢は標的に当たったり外れたりする。苛烈な軍神アレスは、将軍の目を開かせたりくらませたりし、軍の士気を高めあるいは低下させ、武具を着けた重装歩兵の盾と盾とがぶつかったとき、どちらが勝利するかを決める。これらの神々を否定するのは、畑に作物が育つのを否定し、冬のあとに春が来るのを否定し、詩人に霊感が訪れることはないと言い張り、また人が戦争に、あるいは狩猟に航海に乗り出すとき、その運命は完全に本人が決めていると言うのと同じなのだ。

職人と鍛冶の神ヘパイストスについて考えてみよう。戦地におもむくアテネの重装歩兵（アテネの男性は、一生に何度か戦闘に参加する）はヘパイストスを礼拝するかもしれないし、しないかもしれない。しかし、兜や盾や槍を作る職人には、ぜひとも礼拝を欠かさないでほしいと願っているのはまちがいない（このころのギリシアでは、鉄に炭素を加えて鋼を作る技術がまだ完全に確立されておらず、どんな製品でも品質には恐ろしいほどばらつきがある。だから神の加護がとくに重要なのである）。

ヘパイストスはきわめて「人間的な」神だ。小柄で片足

戦争の神アレスは民主主義者だ。戦場に特権階級はいない。

——アルキロコス　断片3

が不自由なため、母親のヘラはこんな息子などいないふりをしようとする。しかし、ヘパイストスは頑固者で、頭の回転が速く、そして執念深い（また酒に弱いという面もあるが、これはまたべつの話だ）。どうしてもと言い張って美と愛の女神アプロディテを妻にしたものの、彼女が夫を裏切って美男のアレスと情を通じたときは、ふたりを黄金の網で罠にかけ、ほかの神々を呼び入れてさらし者にした。ヘパイストスはまた、アテネの女性にとっては特別に重要な神である。アテナ女神の兄弟であるだけでなく、パンドラの創造主でもあるからだ。アテネの女性はみな、パンドラの子孫なのである。

ヘパイストスを祀った神殿がヘパイステイオンで、これはアゴラの西にそびえる丘のうえ、鍛冶場の集中する地区の中心にある。この神殿は質実剛健のドリス式神殿の典型例であり、それだけでもじゅうぶん見る価値はあるが、全アテネ人の英雄であるテセウスの功業を描いた、みごとなフリーズも見もののひとつだ。この神殿はペリステュロス

犠牲式のために雄牛の準備を整える女性たち。

仕事中のヘパイストス。アキレウスの武具を調えているところ。

〔次ページの表参照〕に囲まれており、正面には6本、側面には13本ずつ柱が立っている。神殿は神の住まいであり、その外観に反して構造はきわめて簡素だ。正面のポーチ（プロナオス）、裏面のポーチ（オピストドモス）、そしてナオスと呼ばれる屋内部分があるだけである。この神殿には、ヘパイストスだけでなく姉妹のアテナも祀られている（アテナ・ヘパイスティアと呼ばれる神格として）。内陣にはこの2柱の神の像が納めてあるから、それによって象徴される力（パワー）に挨拶をすませたら、華麗な浅浮き彫りでテセウスとミノタウロスを描いた匠の腕をじっくり鑑賞しよう。

ヘパイステイオンは、夏にはとくに訪れたい場所だ。鍛冶師地区の騒音と埃と熱から逃れて、人々はここへやって来る。水をふんだんに撒かれた聖域の緑陰の庭園で花々を

☞神殿の構造——初心者向けマニュアル

セコス……神殿の主室。神の住まい
ナオス……神殿の屋内の部分
プロナオス……入口の間／前廊（ポルチコ）／ポーチ（建築家の好みによる）
オピストドモス……裏口のプロナオスのようなもの（必須ではなく、ないことも多い）
アンタ……側壁の延長部分。これによって小さなポルチコをなす
プロステュロス……壁ではなく柱によって作られるポルチコのこと
アンピプロステュロス……正面と裏にポルチコのある
プテロン……壁とペリステュロスのあいだの空間
ペリステュロス……神殿を取り囲む外側の柱列
ステュロバテス……地面より高い基壇。このうえに神殿を建てる

愛でたり、あるいはプロステュロス（ポルチコ）の奥の日陰に憩いを求めたりするわけだ。

アテナ女神とパンアテナイア祭

ところで、アテナ女神そのひとはどうなのか。灰色の眼をした処女神、アクロポリスの高みから、おのれが保護する都市を見おろしている女神は？　アテナがこの世に生み出されたのは、兄弟神ヘパイストスのおかげだ。メティス（叡知や思慮の擬人化）がアテナを身ごもったとき、ゼウスはそのメティスを丸飲みにしてしまった。しか

し、ヘパイストスが斧をとってゼウスのひたいを割ると、そこからアテナは生まれ出たのである。この女神はつねに甲冑姿だが、生まれたときからそうだったと言われている。ただし、アテナの誕生についてはじつは別伝がいくつもあって、父はゼウスではなく、羽根のある巨人パッラスだという説まである。アテナはのちにこのパッラスを狩りたてて殺すことになるが、それはパッラスが彼女の純潔を奪おうとしたからだった（ギリシアの神々には、近親相姦はいけないというような倫理観は完全に欠落している）。アテナがパッラス・アテナとも呼ばれるのは、この父から名をもらったからであり、アテナの名高い盾の覆いにはこの父の皮が使われているという。

アテナ女神においては、武力と知恵は渾然一体となって調和している。アテネ市民は、牛に軛（くびき）をかけることを女神から教わり、また数字の使いかたも教わった。ラッパと戦車と航海術もそうだ。貨幣ができたのもアテナ女神のおかげであり、ドラクマ銀貨の裏に、アテネ市のシンボルである女神のふくろうが刻まれているのも、ひとつにはそのためである。

「処女の神殿（パルテノン）」は、おそらく世界で最も美しい建造物ではないだろうか。アテナ女神の住まいであると同時に、完

パッラス・アテナよ、
だれよりも誉れ高く、すべてを見通す灰色の眼をもつ女神よ。
知恵ある者、これと決めたら容赦を知らず、
慎み深き処女（おとめ）にして、
市の守護神たるアテナよ！　　　　——ホメロス風讃歌28

壁に均整のとれた石の彫刻でもある。毎月３日はアテナの聖日だが、女神と市民がひとつになるさまをほんとうに目撃したければ、パンアテナイア祭のときに訪れるのが一番だ。それも大パンアテナイナ祭のときがよいが、ただしこの大祭はオリンピュアと同じで４年に１度しか開かれない。そしてこれまたオリュンピアと同じく、パンアテナイア祭でも競技会が開かれ、演劇と運動がともに競われる。しかし、オリュンピアとちがって、参加できるのはアテネ市民とアッティカのデモスの住民だけであり、また優勝者には冠だけでなく第2、第３の賞品も贈られる。この祭は全体として、アテネ人という巨大な家族の祭典なのだ。

祭はヘカトンバイオン月（だいたいいまの７月なかばから8月なかばにあたるが、アテネでは月や日はあまり固定的ではない。たとえば、今月はとくに忙しいと当局が判断すると、その月の日数を増やすこともできる）の28日に始まる。祭はまず、聖火をともす儀式で幕をあける。この儀式がおこなわれるのは都市の守護者（アテナ・ポリアス）アテナ神殿で、これはアクロポリスのうえ、パルテノンのすぐ北にある（ここにもまた、ヘパイストスとのつながりが見てとれる）。

祭の２日めは、ディピュロン門からの長大な行列で始まる。老人は厳粛にオリーヴの枝を持ち、少女たちは犠牲用の杯や鉢を持ち、ほかの人々は女神に捧げる供物の入った聖なる籠（かご）を手にしている。

この行列の目的は、アテナ女神に新しい長衣すなわちペプロスを捧げることだ。これは毎年取り替えることになっており、この布を織るのはアテネの若い娘たちの仕事で、

多くの顔をもつ神々

†男神も女神も、礼拝者がどの面に関心をもつかに応じて異なる形態をとる。戦場におもむく兵士は、処女戦士であるパッラス・アテナに呼びかけ、いっぽう女性は処女神アテナ・パルテノスのほうを好むかもしれない。また、病人なら癒し手（アテナ・ヒュギエイア）アテナに呼びかけるだろう。そしてパンアテナイア祭で感謝を捧げられるのは、市の守護神アテナ・ポリアスというわけだ。

◎

†神々はみなさまざまな面を持っている。アプロディテ女神も例外ではないが、アテナ女神にはこの女神の術策がまったく通用しないことで有名だ。純粋な理想化された愛の女神アプロティテ・ウラニアとして攻めても、また情欲の女神アプロディテ・ポルネとして攻めてもまるでどこ吹く風なのだ。

アッレポロスと呼ばれる少女たち、すなわちアテナ女神の侍女たちがそれを監督する。機織りはパンアテナイア祭の9か月前、働くアテナ祭（アテナ・エルガネ）のときに始める。さらにプリュンテリア祭のさいに洗い浄めの儀式を経て、この長衣は今日の行列の主役となり、いまはオリーヴの木で造った「船（をかたどった荷車）」に帆のように掲げられて、詠唱する群衆によって運ばれていく。ディピュロン門から出発した行列は、カネポロスと呼ばれるひとりの少女に先導される。アテネの貴族の娘たちのなかから、賢さと純潔を備えた者として選ばれた少女である。このふたつの資質を備えた少女は女神の御心にかなう。これは重要なことだ。このカネポロスを通じて、アテネ人たちはその守護女神にアッティカの初物を捧げるからである。

厳粛ながらも快活な行列はアゴラを抜け、アレスの丘（アレイオス・パゴス）（殺人事件の裁判は、毎月末にここで開かれる）に立ち寄って犠牲を捧げる。将軍の賢明な指揮を助け、アテネを戦勝に導いてくれたことへの感謝のしるしに、勝利者アテナの神殿に犠牲を捧げるのだ。巨大な前門（プロピュライア）はまだ建設中だが、ここで参加者の多くは行列から抜けて、祝祭の続きを楽しみに自宅や友人宅へ向かう。ここからさらにアクロポリスの北側に進み、エレクテウス神殿（エレクテイオン）のアテナの大祭壇に向かうことが許されるのは、アテネで生まれた生粋のアテネ市民のみなのだ。犠牲を捧げる儀式は、ペイディアス作のアテナ巨像に対してではなく、ここに安置されているアテナ女神の木像——神々によって市民にくだされたと伝わる——に対しておこなわれる。木像のそばにはオリーヴの木が１本生えている。女神はアテネ市民に数々の贈り物をもたらしたが、そのなかでも最も感謝されたのがこのオリーヴの木だった。

エレウシスの秘儀

エレウシスの秘儀では、具体的にはなにがおこなわれているのか。それを信者に尋ねれば、その秘密を聞いたら殺されることになると言われるだろう。面白い冗談だと思うかもしれないが、相手が大まじめだとわかるに及んであまり面白いとは思えなくなる。秘密を漏らした者がそれを聞いた相手をみずから殺すか、さもなければ自分が処刑者に追われる破目になるのだ。くわしいことが知りたければ、メロスのディアゴラス〔前５世紀後期の哲学者。エレウシスの秘儀を嘲弄して死刑判決を受け、亡命してギリシア各地を放浪したと言われる〕に対する死刑執行令状を見よう。これはアテネ帝国じゅうどこでも有効で、この秘儀についてあまりおおっぴらに語りすぎたことへの罰なのだ。

エレウシスの秘儀が重んじられているのは、この秘儀がデメテル女神を称えるものだからだ。デメテルは大地から育つものすべての神であり、この女神を怒らせると雨が降らず、作物がよく育たなくなる。これは以前にもあったことだ。冥界の神ハデスがゼウスと結託して、デメテルの娘ペルセポネを誘拐したときのこと、娘を奪われて激怒したデメテルは仕事を放棄してしまった。おかげで供物のワインも肉も捧げられなくなって神々は立腹するし、罪もない人間たちはもちろんそれ以上に苦しんだ。

アテネ豆知識

†アテナ女神の長衣には、女神が活躍した神々と巨人との戦闘の場面が刺繡されている。

◎

†戦闘のさい、アテナ女神は恐ろしいアイギスを身にまとう。これはヘビの頭で縁取りされたショールで、身に着けていればゼウスの雷霆に打たれても無傷でいられるというものだ。

◎

†ギリシアの神々のうち、その名を冠した大きな都があるのはアテナだけである。

◎

†アテナはいつも兜をかぶっているが、面頰はあがっていて顔が見える。

デメテル（左）とその娘ペルセポネに顕彰されるトリプトレモス（犂の発明者）

デメテルは、神々の宮居たるオリュンポスへの奉仕を放棄しただけでなく、みずからも姿を隠して、アッティカのエレウシスに引っ込んでしまった。それでここに女神を称えて神殿が建てられたのだという。しまいに困った神々とデメテルとのあいだで交渉が成立し、ペルセポネは母のもとへ戻ってきた。大地はふたたび草木を芽吹かせるようになったが、取り決めに従ってペルセポネは毎年４か月はハデスのもとへ戻ることになったため、その期間デメテルはふさぎこみ、おかげで雨は降らず、大地は少しずつ干上がっていく。一説によると、ペルセポネが冥界への旅から母のもとへ戻ってくる場所がエレウシスであり、この秘儀に入信すると、年に１度のデメテルとペルセポネの再会の場面を目撃できるのだという。これがほんとうかどうか話してもいいのだが、しかしそうすると……

真相を知るには、この秘儀に入信してしまうのが一番だろう。入信資格は厳しくない。バルバロイでないこと（つまりギリシア語を話せなくてはいけない）、血の罪で汚れていないこと（人を殺した者はその罪をあがない、浄めの儀式を受けなくてはいけない）、そしてまたエレウシスの名家のひとつから後援を受けることも必要だ。それをべつにすれば、男でも女でも、アテネ人でも外国人でも、奴隷でも自由人でも、だれでも入信できる。その他の唯一の条件は、秘儀で見たことをけっして口外しないことだ。そして2000年にわたり、何万という人々がこの聖なる儀式を目撃したにもかかわらず、その全員がこの約束を守ることになるのである。

> アテネは数多くのすぐれた、神与と思えるような制度を生み出してきた。そのすべてが人間の生を豊かにしてきたものの、この秘儀を超えるものはないと思う。……この秘儀は生命の起源を教え、それによって人は生を喜ぶことを学び、また死に希望を見いだすこともできるようになるのである。
>
> ——キケロ『法律論』2・14

暑く乾燥した夏の終わりは祝祭の季節であり、アテネ市内でもパーティや儀式が開催されるが、秘儀への入信に備える人々は、ボエドロミオン月の9日間（9月下旬）におこなわれる正式な祭典のときを待つ。

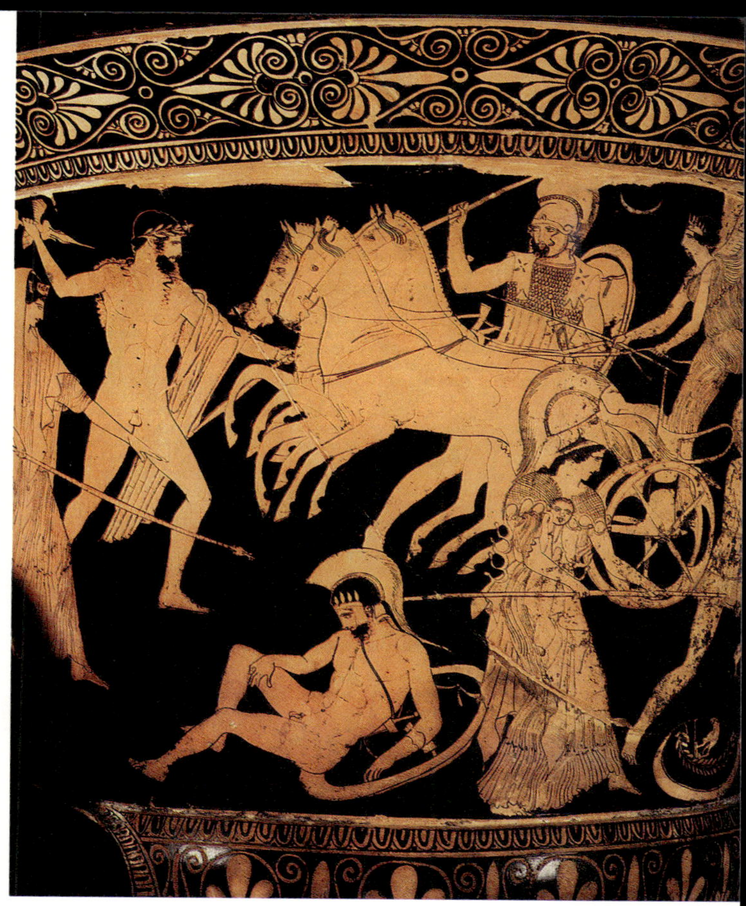

Ⅶ　オリュンポスの神々と巨人族との戦い。これは理性と無知との、そして秩序と混沌との永遠の闘争だ。アテナ女神（中央）は鉄壁の守りをもたらすアイギスを身に着けて戦い、神々の女王たるヘラも槍を手に参戦している。そのわきに立つゼウスは、今しも戦場に雷霆を放ろうとしているところ。

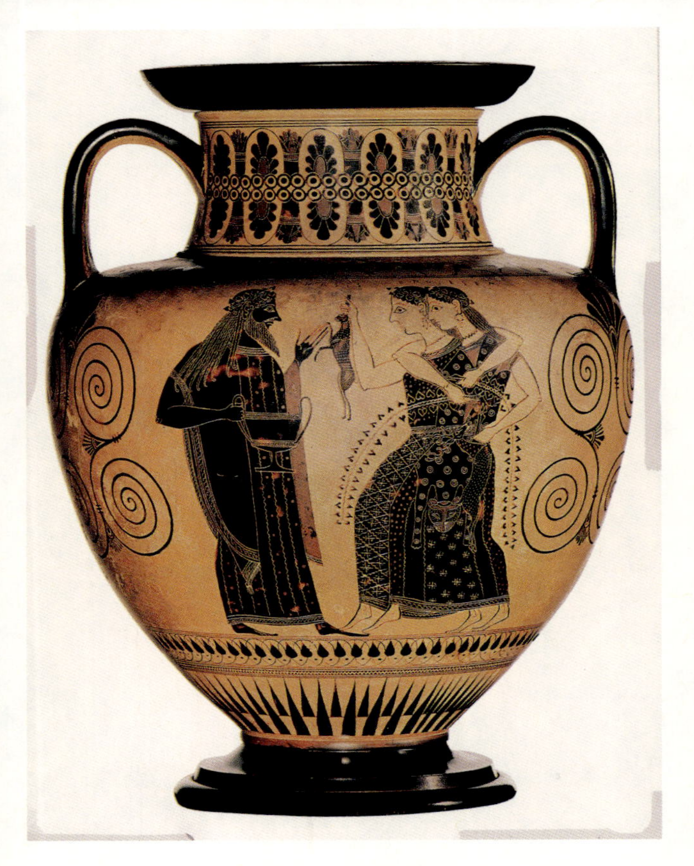

Ⅷ　ディオニュソスがカンタロス（豪傑サイズの酒杯）を手に、ふたりの巫女からウサギと小鹿という供物を受け取ろうとしている。ディオニュソスが黒い肌で描かれているのと対照的に、巫女は白い肌に描かれ、それぞれツタ（様式化されて描かれている）を持っている。

Ⅸ　握手するテセウスとポセイドン。アテネの守護神になり損ねたポセイドンだが、小さなイルカの絵で飾られた台に足をのせて腰かけている。いっぽうのテセウスは立ったまま、着衣も簡素である。名高い絵師（絵師シュリスコス［本名不詳の画家。特徴的な壺絵を多く残している］）の手になるこのようなクラテルは、市場では高値で取引されている。

X　オリーヴは、最も喜ばれた女神アテナの贈り物である。これは収穫の様子を描いたもので、ひとりが木に登って枝を曲げ、地上のふたりが長くしなやかな棒でそれを叩いて実を落としている。4人めは地面に落ちた実を拾っている。

XI（右）アテナ女神が興味深げに見る前で、勇猛なイアソンがドラゴンの口から吐き出されている。女神はいつものとおり兜をかぶり槍を持っているが、ただここでは盾の代わりにフクロウを手にしている。とはいえ、ゴルゴンの首をとりつけたアイギスというショールを着けており、これがあらゆる攻撃から身を守ってくれるから、いずれにしても盾は不要なのだ。

XII（下）豪傑らしく酒をあおりたければ、それにふさわしい酒杯を手に入れよう。たとえばこの杯では、胴の部分からヘラクレスがこちらを見つめている。頭から獅子皮をかぶってのどもとで結んでおり、その牙が顔を縁どっている。これは、ヘラクレスが 12 の功業のひとつとして仕留めた恐ろしいネメアの獅子の皮である。

XIII（右）サテュロス劇の衣装を着けた演者たち。ひとりは自分の仮面を眺め、またべつのひとり（ヘラクレス役）はすでに衣装を身に着け、獅子皮をかけて棍棒を手にしている。

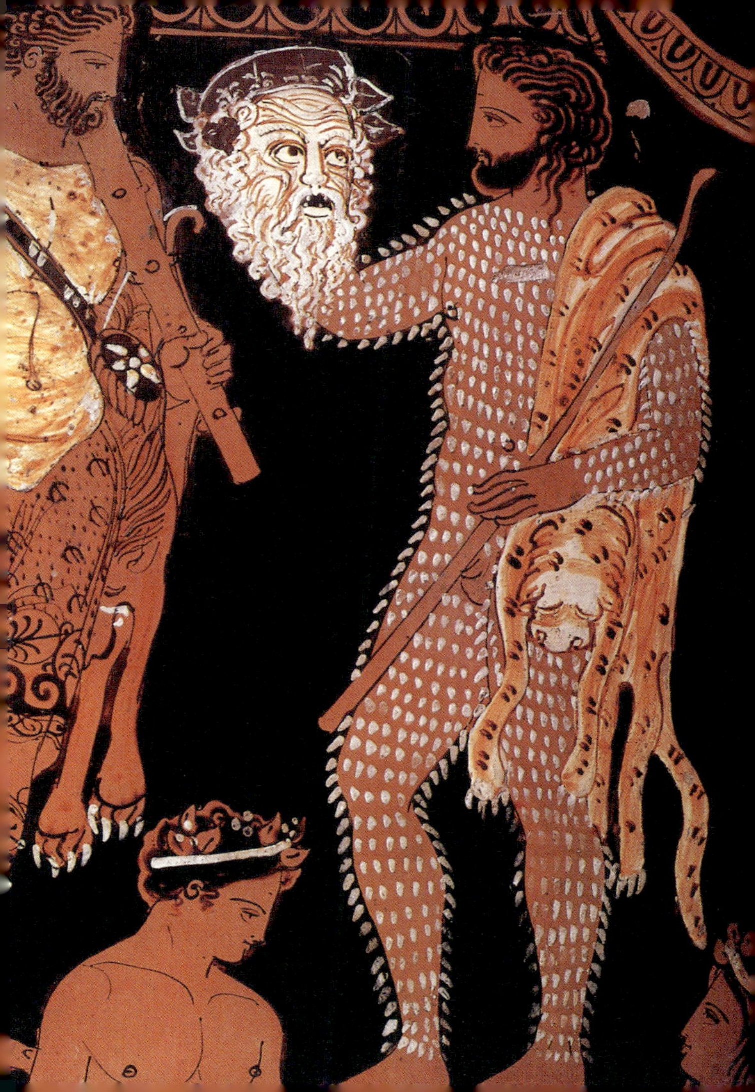

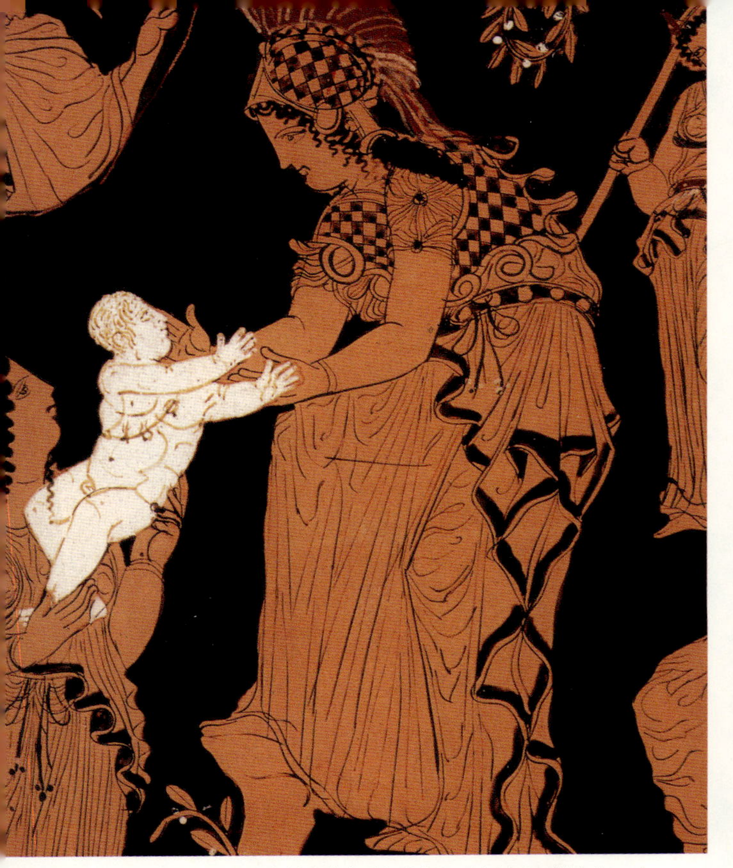

XIV　母と息子。アテナ女神は身を乗り出し、赤ん坊のエリクトニオスをガイア（大地の女神）から受け取ろうとしている。アテナはヘパイストスの誘惑をはねつけたあと、彼の精液で濡れた羊毛を大地に捨てたが、その大地（クトノス）から生まれたのがこのエリクトニオス［土地生まれの意］である。のちにアテネの王となり、アテネの全男子の祖先になったと言われている。

アテネ豆知識

†無神論者で知られるディアゴラスは、ヘラクレスの木像を叩き割ってたきぎにし、カブを煮るのがこの半神の 13 番めの功業だと言ったという。

◎

†アリストパネス、プルタルコス、ソポクレス、パウサニアスも、エレウシスの秘儀に入信している（あるいはすることになる）。

◎

†行列はアテネからエレウシスまで 21 キロの道のりを歩く。アテネ人の基準で言えば快適な散策程度である。

◎

†聖域であるだけでなく、エレウシスはアッティカ西部を守る主要な軍事要塞のひとつでもある。

◎

†ペルセポネはまたコレとも呼ばれ、若さと喜びの女神でもある。しかし、ハデスの妃としての彼女は死の女王である。

◎

†デメテルとペルセポネは、穀物、笏、ケシの花とともに描かれることが多い。

◎

†穀物の女神にふさわしく、デメテルは輝く金髪をしている。

◎

†エレウシスに続く道は聖道と呼ばれ、両脇には社や墓や奉納品が並んでいる。

祭典の始まる前日には、おおぜいの参列者がエレウシスの中心のデモスに集まる。そこから、アテネ人のこよなく愛する祭礼行列のひとつが出発する。途中で数々の儀式をこなしながら、壮麗な行列はくねくねとアテネへの道を引き返していき、終点はアゴラにあるデメテルの神域だ。

翌日（ボエドロミオン月の15日）にここで祝祭は始まるが、その冒頭には秘儀に参列する入信者が召喚される。そして入信希望者（ミュステス）はそれぞれ、後援者（ミュスタゴゴス）によって訓練と指導を受けることになる。ミュスタゴゴスというのは、すでにこの秘儀を経験している人のことだ。ミュステスのなかには再度の召喚に応えて2度めの秘儀に参列し、エレウシスのさらなる奥義を授かる者もいる。そのような人々は、その後はエポプテス（奥義を伝授された人）と呼ばれることになる。

儀式は続き、入信者はアテネの南西にあるパレロン湾まで出向き、そこで身体を洗い浄める。そのさい、入信者はそれぞれ冥界の神々に捧げる小豚を持参する（豚は神々に大いに喜ばれる捧げ物だ。すこぶるつきに多産で、地下の根茎を探すのがうまいからである。犠牲に捧げた豚の血を穀物の種子に混ぜると、豊作が約束されると信じられている）。入信者が犠牲を捧げるときには、アテネ市内でも公的な祝祭がおこなわれていて、一般市民がデメテルに犠牲を捧げている。

祝祭の5日め、祭の参列者らはイアッコスの像をエレウシスに運んでいく。これはデメテルの寵愛する半神の少年だ。行列の参加者は歓声をあげ、イアッコスの名を呼び、また行列とともに運ばれていく秘儀のシンボルを納めた聖櫃（ヒエラ）を畏怖をもって眺める。

エレウシスに到着すると黙想と断食がおこなわれ、断食あけには水で薄めたかゆをとる。ホメロス風デメテル讃歌によれば、娘が戻るのを待ちながら、女神もこれをとったという。見たことのない人々にとっては、これはまたエレウシスのテレステリオン——デメテルの神像を祀った秘儀の間——を訪れるよい機会だ。巨大なデメテル神殿には窓がなく、内部には柱が林立している。いっぽう外側はフリーズの浮き彫りや小像で華麗に装飾されている。

用意が整うと、入信者は女神の内陣に入っていき、この厳かな儀式を包む秘密のベールの陰に姿を消す。デメテルに仕える男女の大神官によって、かれらはヒエラの中身を見せられるのだと言われている。それはデメテルとペルセポネがみずから人間に渡した品物だというが、それ以外になにがおこなわれるのかはわからない。そしてまた、ここで見せられる聖なる物品がどんなものなのかもわかっていない。まずまちがいなく、暗い死の世界からの復活と再生、そして愛する人々との再会にかかわるものだろうが、それを知る人は黙して語らないのだ。

秘儀のあとには宴会が開かれ、雄牛が犠牲に捧げられ、近くの野ではダンスも始まるが、秘儀を経験した入信者は

しかし、新たな季節に大地が花を咲かせるとき、香り高き花々、ありとあらゆる花々がほころぶとき、あなた［ペルセポネ］はふたたび底知れぬ闇の領域から現われいでて、神々と死すべき人間に驚異を示されるでしょう。

——ホメロス風讃歌　400–

そんな浮かれ騒ぎには加わろうとしないものだ。神々への献酒の儀式はあるものの、祝祭の終わりには締めくくりの儀式のようなものはなにもおこなわれない。秘儀のあとにこれでは拍子抜けかもしれないが、入信者たちはひとりで、あるいは何人かで連れ立って、秘儀のさいに経験したことを思い返しながら家路につくのである。

魔術と迷信

アテネには社や神殿や聖域が数えきれないほどある。またどの家の外側にも、どの四つ辻にも、宗教的なしるしを見ることができる。ところが意外なことに、舞台裏に隠れていてほとんど表に出てこないのが神官だ。アテネ人はアテネ人らしく、神々とじかに交渉するのが好きなのである。家族のことで神官に助言を求めようとは思わないし、神官に信仰上の導きを期待したりしない。アテネ人にとって、神官は宗教的な技術者であり、犠牲を捧げる適当な方法を指導するとか、儀式をいつおこなうのが適当か教えるのが仕事なのである。神々や、あるいはもっと下級の存在や精霊の特別な愛顧を願うとき、人が頼るのは魔女である。

魔術は厳密には非合法ではないが、そうは言っても外聞がよいとはとても言えない。第1に、魔術はおおむね外国人（バルバロイ）の領分だ――スキュティアの魔法使いとか。そして第2に、魔術を操るのは主として外国人であるだけでなく女なのだ。魔女の原型といえばメデイアだが、これは恐るべき魔力を持った女で、イアソン率いるアルゴナウタイ

(アルゴー号乗組員)を魔薬と呪文で守り、追ってくるコルキスの船を足止めするため、血を分けた弟をばらばらに切り刻んでイアソンの船から何度にも分けて海に投げ込んだという。信心深いコルキス人はそのたびに船を止め、きちんと埋葬するために遺体を回収しようとしたというわけだ。メデイアはその後アテネの聖域に逃げ込んできたが、そのさいにはドラゴンに牽かせた太陽神の戦車に乗って逃げてきたといわれる。このような女たち、あるいはそのおばのキルケ(難破した船乗りを豚に変身させる習慣があった)のことを考えれば、魔女の扱いには細心の注意が必要なことがわかるだろう。

有力な神々ですら本性が善とは言いきれないし(うまくご機嫌をとれば、一時的にはご利益を得られるかもしれないが)、多くの小物の精霊たちに至っては積極的に悪さをする。そんなかれらの目をそらすのが魔除けの呪符だ。この地上で最も理性の重んじられる都市で、市民の多くがエジプトやヘブライの護符を身に着けているのはそういうわけである。これには異国の文字が刻まれていたり、難破した船乗りの骨や有罪判決を受けた殺人者の血(と称するもの)などの魔力をもつ物品が入っていたりする。

迷信はいまも強い影響力を持っている。ペリクレスはあるとき、日蝕中の航海は縁起が悪いと反対する舵取りを説得しなくてはならなかった。ペリクレスは舵取りの顔の前にマントを広げてみせ、「日蝕とはこういうものだ。ただもっと大きくて、ずっと遠くで起こっているだけだ」と辛抱強く説明したという。

無学な庶民だけではない。アテネ市内では、市民らがにやにや見物する前で、政治家にして将軍のニキアスが、神々の怒りを鎮めようとあたふたするさまを見かけるかもしれない。たとえば、人がてんかんを起こすのを目にすると、魔除けのために自分のひざに唾を吐いたりするのだ(それどころか、迷信深いニキアスが月蝕のあとに脱出をためらったせいで、アテネ軍はシケリアで大損害をこうむることになる［前413年］)。

迷信にいらだって、テオプラストス〔前4〜3世紀の哲学者〕はこう書いている。「ねずみに穀物袋をかじられて穴があくと、［迷信深い者は］専門の占師にどうすればよいかとお伺いを立てる。そして『靴の修理屋につくろってもらえ』とまっとうな忠告を受けると、それを無視してあらゆる神殿に供物を捧げ、この凶兆のもたらすわざわいを祓おうとする。恐ろしいヘカテの霊を祓うと称して、ひっきりなしにわが家を浄める。外出中にフクロウの鳴き声が聞こえると激しく動揺し、『ああ、アテナ大女神よ！』と声に出して唱えないうちは一歩も先に進もうとしない。墓のうえに足をのせようとはせず、死人や出産する女のそばには近づかない。いたるところに穢れのもとが転がっていると言うのだ」

こういう人々がいれば、魔薬や護符や薬草や呪符を扱う商人が出てくるのは世の習いである。そういう店はアゴラではなかなか見かけないが、こっそり尋ねてまわれば見つけることができる。多くは、ペイライエウスの暗い小路でせいぜい儲けているものだ。

アテネ豆知識

†ヘルメス、ヘカテ、ハデス、ペルセポネは冥界の神々だ。つまり、死と地獄をつかさどる神々なのである。ほんとうに効き目のある呪いをかけたければ、真っ先に選ばれるのはこの神々だ。

◎

†ときには呪いが墓に捧げられることもある。死者の魂が呪いの成就を助けてくれるからである。

◎

†迷信深いアテネ人はハデスの名を口にするのをはばかって、「闇の」とか「客の多い」などの形容詞を使って呼ぶことが多い。

◎

†訴訟で敵対する相手は、呪いの対象になりやすい。

◎

†鉛は、アテネの銀鉱の副産物だ。鉛板は安価で大量に出まわっているから、呪いの銘板としてだけではなく、メモ帳の一種として広くさまざまな用途に使われている。

黄泉に住む精霊たちが、鍛冶師アリスタイクモスとピュッリアスのわざを、そしてふたりの魂を呪ってくれるように。またラミアのソシアスと、そのわざと魂をも呪ってくれるように。この3人の言うことなすことすべてが呪われるように。またボイオティアのハゲシスについても同じ。

この呪いは鉛板に刻まれて、アゴラ近くの大理石細工師の町にある1軒の家の壁に埋め込まれていた（最後に付け足されていることから見て、この呪いが仕込まれる直前にハゲシスはこの人物の恨みを買ったのだろう）。こういう呪いは、しかるべきところに行けば手ごろな値段でかけてもらえる。魔術はおおむね法律で禁じられてはいないが、本式に人を呪うのは法律違反だから、そのことも忘れないように。

第8章
通過儀礼

兵役 § 葬儀 § 婚礼

兵　役

いま平和かとアテネ人に質問したら、「どこと？」と訊き返されるだろう。このころのギリシアでは、ある敵と和平を結ぶのはほかの敵と戦争を始めるためでしかない。手近に戦争する敵国がなければ、はるか遠くに紛争の種を探しに行く絶好の口実になるぐらいだ。要するに戦争が日常なのである。アテネの男性の家に滞在していれば、主人の武具を見せられて感嘆の声をあげてみせたことがあるだろう。これ見よがしに飾られたぴかぴかの武具を構成するのは、胸当て、顔をほとんど覆う兜、そしてふくらはぎとすねを保護するすね当てだ。それから大きな丸い盾、すなわちホプロンがある。市民戦士を重装歩兵（ホプリテス）と呼ぶのはこの盾から来ている。重装歩兵として、アテネの男性は3

準備万端、完全武装の重装歩兵

軍装が規格化されているスパルタ兵とは異なり、アテネの兵士は盾にさまざまな模様を描いている

万を超すアテネ軍の一員となり、またこの重装歩兵が平服を着ればアテネの民会に早変わりというわけで、民主政を倒すにはこの軍隊を撃破しなくてはならないのである。

17歳から59歳まで、足腰の立つアテネ男子はみな兵役についている。しかし、全員が武具を用意できるわけではないから、用意できる男性は得々としてそれを見せびらかす。武具は市民団中上層2階級、すなわちヒッペイス（貴族）とゼウギタイ（一定以上の穀物を収穫できる層）に属するしるしなのだ。武具を用意できない層をテテスと呼ぶ。テテスのなかには槍と盾だけは持っていて、ペルタスタイと呼ばれる軽装部隊に属して戦う者もいる。しかしアテネの民主政には、兵役につく気のある者はみな参加する権利があるし、武器をなにひとつ用意できない者は出征するさいには座布団を1枚持っていく。三段櫂船の漕手（そうしゅ）座に敷くためだ。軍事大国としてのアテネの基礎は海軍力にあり、漕手は奴隷ではなく自由民だから、かれらは自分の役割に誇りを持っている。漕手やその役割を見下すようなことをすれば、1日に12時間も櫂を漕ぐ者のこぶしはばかにできないとすぐに思い知らされることになる。

古参兵士および19歳未満の兵士は、アテネやアッティカで守備隊勤務につき、その他の兵士は実戦に従事する。そんなわけでアテネには、太った男やひ弱な男はめったにいない。この比較的人道主義的な都市ですら、肢体の不自由な子供は出生と同時に「遺棄」されるし、その他の男児は軍事訓練で鍛えられるからである。アッティカのデモスでは、年に1度若者がデモス集会に出てエペボス［青年期

アテネ豆知識

†アテネの陸軍は大規模だが、海軍の必要とする漕手の数は、その陸軍が擁する兵士数の2倍にも達する。このためアテネでは、三段櫂船を漕がせるために傭兵を用いることが多い。

◎

†アテネとともに戦う同盟国や属国は、アテネ陸軍にない部隊を供給している。たとえばロードスには、スモモ大の鉛弾を高速で投げる投石部隊がある。

◎

†重装歩兵の盾は、直径がおよそ90センチ、重さが7キロほどである。

にある人の意］として登録される。これはたんに兵士として登録されるのではなく、アテネ市民団に参加する身分に加えられるという意味もあり、したがってひじょうに重要な儀式である。虚偽の資格で登録を申請すると、奴隷に売られることもある。ギュムナシオンで、また守備隊勤務のさいに、これらの若者は教練の手ほどきをされ、槍と盾の使いかたを教え込まれる（重装歩兵は剣も持っているが、これが使われるのは、ついに勝敗が決して密に並んだ戦列が崩れたときだけである）。

特別な儀式のさいには、アテネ市民が国から武具を支給されるのが見られることもある。これは本人が戦場であっぱれな武勲を立てたとき、あるいは父親がアテネのために戦って死亡したときだ。戦死した父の紛失した、または壊れた武具の代わりを国が支給するのである。

葬　儀

戦闘のあとは、勝利者は戦勝記念碑を立てる。つまり、敵兵の武器を木の切り株に積み上げ、勝利者として、その記念碑を立てた者が戦場を支配したことを示すのだ。ギリシアのように文明的な地では、勝利者は敵の使者がやって来て、戦死者の遺体を引き取る手筈を整えるのを認めている。遺体は故国へ持ち帰り、丁重に埋葬されるのだ。

冬になると、アテネ人は集まって戦死者の骨を埋葬する。悲しみに満ち、それでいて誇らしい儀式だ。戦死者の遺骨は2日間天幕に保管され、希望する遺族はそのあいだにやって来て供え物をする。その後、遺骨はイトスギで作った大きな柩に納められる。柩は1部族につき1つずつである。からながら豪華に装飾された特別な柩は、遺体を回収できなかった戦死者のためのものだ。黒い服をまとった人々の公的な葬列には、希望する者はだれでも参加できる。葬列が向かうのはケラメイコス区の近く、国家の墓地（デモシオン・セマ）と呼ばれる軍の墓地だ。トゥキュディデスが「アテネの城壁外にあ

ぼくたちはふたりともケラメイコスに葬られるだろう。うまくやって国に顕彰されるんだ。将軍たちに言っておくれ、ぼくたちは戦場で、戦列の一員として戦って死んだと。

——アリストパネス『鳥』510

女性の墓石。故人が侍女とともに描かれている

る最も美しい場所」と評した場所である。遺骨が埋葬される直前に、ここで市民の第一人者のひとりが進み出て、遺族のために死者を称える演説をする。厳粛で胸を打たれる瞬間だ。壺絵には、戦闘に備えて夫や息子に武具を着けさせる女がよく描かれているが、これはゆえのないことではないのだ。それが今生の別れの第一歩となり、ついにはこの墓地での儀式につながることを知らぬ者はない。

軍の葬儀は、アテネやアッティカでふだん目にする一般の葬儀とそう大きくはちがっていない。葬儀はアテネ人にとって日常の儀式であり、3幕で演じられる舞台である。第1幕は私的な場面で、遺体が横たえられ、一家の女たちの手で浄めの儀式がおこなわれる。洗われて油を塗られ、目を閉じられて、これで霊魂は肉体から解放される。

遺体は花冠をかぶせられ、足まで届く服を着せられて、最後の別れに訪れる人々と対面する。

妻が夫を喜ばせる日が2日ある。結婚した日、そして夫の手で埋葬される日だ。

——この時代の金言。エペソスのヒッポナクスの言葉と言われている

葬儀の第2幕こと野辺送り(エクポラ)は、3日めの夜明け前におこなわれる。ふつうは荷車で、遺体を最後の安息の地に運ぶのである。埋葬にはだれでも立ち会うことができ、歌と哀悼の踊りがつきものだ。これが終わると女たちは急いで帰り、最終幕の用意にとりかかる。ペリデイプノン——葬送の宴が開かれるのだ。

悲しみにくれつつ墓参りをする親族

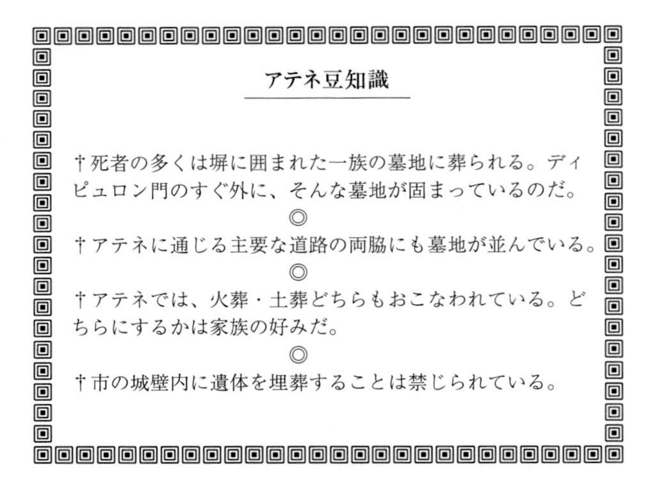

アテネ豆知識

†死者の多くは塀に囲まれた一族の墓地に葬られる。ディピュロン門のすぐ外に、そんな墓地が固まっているのだ。

◎

†アテネに通じる主要な道路の両脇にも墓地が並んでいる。

◎

†アテネでは、火葬・土葬どちらもおこなわれている。どちらにするかは家族の好みだ。

◎

†市の城壁内に遺体を埋葬することは禁じられている。

婚　礼

新たな花嫁に恋い焦がれている人にしては、あなたは花嫁の家にまるで寄りつこうとしない。行って結婚なさい。断わればよかったと後悔するような、そんな結婚生活になるように神々がお取り計らいくださるでしょう。

――エウリピデス『メデイア』743　メデイアのせりふ

葬儀が夜明け前におこなわれるとすれば、婚礼は夜におこなわれる。一生に一度のおめでたい儀式として、まるで意図的に葬儀の逆を行っているかのようだ。アテネを訪れれば、いずれ婚礼に遭遇するだろう。アテネの公的な催しはほとんどそうだが、婚礼でも１度か２度の行列が仕立てられるからだ。この場合、最初の行列はにぎやかで陽気な催しで、参加者はおおむね披露宴のあとでほろ酔い加減である。披露宴では、伝統的に大きくて平らなお菓子が出る。これはすりつぶした煎りごまを蜂蜜入りの焼き菓子に混ぜたもので、それを大量のワインとともに食するのだ。午後の披露宴が終わると、花嫁は父の家から夫の家に移る。花嫁は豪華に飾りたてた二輪馬車に立ち、そのわきで母親が松明をかざして行く手を照らすのである。その後ろには新婚夫婦の家族が続き、不吉な精霊を脅して追い払うために、楽師が出せるかぎりの大きな音を立てている（旋律はこのさい付け足しでしかない）。

婚礼の行列を描いた壺絵

新居に着くと、花嫁はマルメロかリンゴを食べる。いまでは夫の食卓が自分の食卓になったことを示すためだ。新婚夫婦には果物や木の実のシャワーが浴びせられる。これは多産のシンボルであると同時に、翌朝の健康的な朝食の材料ともなる。このフルーツ・シャワーは生殖行為をほのめかす暗示であり、花嫁花婿はその後奥へ引き取って、ふたりだけでやるべきことに取りかかる。そのあいだ、友人

アテネ豆知識

†花嫁を父親の手から夫に渡すことをエクドシスという。

◎

†婚礼は満月に合わせておこなわれることが多い。また、ガメリオン月（いまの1～2月にあたる。女神ヘラの聖月）は新婚夫婦にたいへん人気の月で、それもそのはずこれは「結婚の月」という意味なのだ。

◎

†男性は、最初の兵役を終えたあと、30歳ぐらいで結婚することが多い。

◎

†女性は20歳前、たいてい15歳で結婚する。

◎

†婚礼の前に、女性は子供のころに使ったおもちゃを神々に捧げる（とくに処女神アルテミスに）。

◎

†離婚は男女どちらから言いだすこともできるが、女性の場合は裁判官に訴えて出なくてはならない。

たちは扉の外で卑猥な歌を歌う（エピタラミオンと呼ばれる習慣だ)。翌朝の花嫁はもうガモス——確実に結婚をすませた女性——である。これを祝って2度めの行列が新婚夫婦の家へやって来る。新居での生活に必要なものを贈り物としてたずさえてくるのだ。果物の籠や、櫛や鏡、また家具その他の実用品など、ありとあらゆるものが贈られるが、なにを贈るかは入念に選ばれている。贈り主の身分や、新婚夫婦との関係を反映するものでなくてはならないからだ。

第9章 見どころ

アゴラ――評議会議場、トロス、王の列柱館、ゼウス・エレウテリオス列柱館、騎兵隊司令部（ヒッパルケイオン）、彩画列柱館 § アクロポリス――プロピュライア、エレクテイオン、パルテノン

美しく盛名とどろくアテネの都……

――プルタルコス『テセウス伝』1

アゴラ

アテネを訪れたら、なにはさておきアゴラに行かなくてはいけない。多くの道がアゴラに通じていたり、少なくともそこを通ったりしているし、アゴラは人々の交流の場であり、告知板の役割を果たすと同時に、市のショッピングセンターでもある。時間をかけて全体を見てまわり、あちこち見物しながらぶらついてみよう。そしてアテネ人が当然と思っているらしい建造物や歴史について学ぼう。

一見するとアゴラは混沌として見える。アテネ人がひっきりなしに行き来して、商売をしたり、集まって政治や哲学や最新の醜聞について論じあったりしている。社がほとんどでたらめにあちこちに建てられ、その周囲には大きな壁のない列柱館が並んで、訪れる者を冬の風や夏の陽差しから守っている。人はここで、小高いアクロポリスを望んだり、行列や運動競技や、アゴラのオープンスペースで演じられる劇を見物したりする。しかし、アゴラとそのアテネにおける中心的な役割を理解するには、どこになにがあって、それぞれがどんな機能を果たしているか知らねばならない。

晩夏の静かな宵を選んで、市内を散策しよう。人ごみはほとんど散り、たき火の煙と料理のかぐわしい匂いが漂っている。アゴラの西の小丘のうえ、ヘパイステイオンのポーチにたたずもう。リュカベットス山のいただきが左手の城壁の向こうにのぞき、背後からのびるヘパイストス神殿の巨大な影がアクロポリスのかたを指し、そこではパルテノンが夕陽の残照を受けて金銀に輝いている。この散策では、アゴラの行政地区から出発して、商業地区を抜け、市の精神的な支柱であるアクロポリスに向かおう。

ヘパイストス神殿の丘を下るとすぐに、くすんだ濃黄色の石が4列、大きすぎる石段のように丘腹に嵌め込まれている。これは200名ほどが座れる階段席である。このこぢ

聖なる都アテネの……
目もあやに飾られた名高きアゴラ
——ピンダロス『アテネを称えるディテュランボス歌』断片75

んまりした会衆席のそばには、市の主要な役所がいくつかある。そんなわけで、関連する委員会に対して役人が報告をするとき、ここは便利な会場として使われているのだ。

そこから数メートル先に小さな神殿の廃墟がある。ペルシア軍に焼き払われ、それきり再建されなかったのだ。ここに祀られていたのはレア女神、ゼウスそのひとも含めあらゆる神々の母である。この太母神の礼拝所は、近くの建物——評議会議場（ブレウテリオン）——に移されたため、いまこの女神の像はそこに立っている。これまた、天才ペイディアスの作だ（第5章）。評議会議場はこの像（玉座に腰掛けて手にシンバルを持ち、足もとにはライオンをはべらせた女神を表現している）で有名というだけでなく、アテネの記録保管所としても知られている。レア女神は記録の守護神で、アテネの法律のすべて、訴訟の記録、財務会計記録、市民の名簿のほ

アゴラの北西のかど。王の列柱館と、彩画列柱館の一角が見える

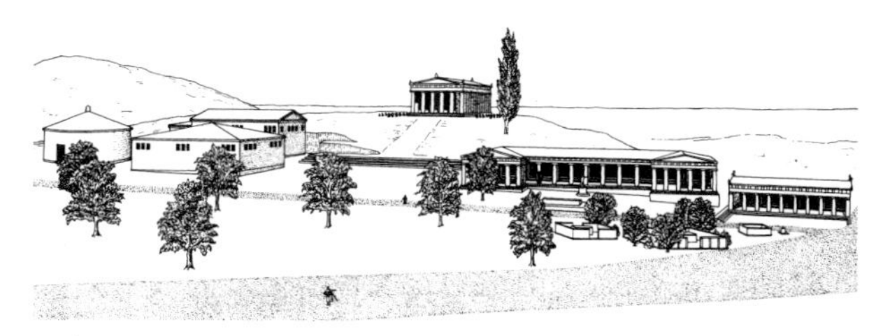

アゴラから望むアクロポリスの眺め

か、市場の公正な取引を保証するために使われる公式の分銅と度量器も女神の保護のもとに置かれている。

評議会議場は、女神レアの住まいとして、また女神の保護するものすべての座としてのみ使われているわけではない。その名のとおり評議会（ブーレー）の会議場なのだ。評議会とは、アテネ人の集会すなわち民会に提出する議題を決定する委員会だ。メンバーは総勢500人だが、いついかなるときもうち50人は当番についている。それどころか17人は近くで寝起きしているから、アテネ市の心臓部にはつねに評議員が詰めていて、非常時にもただちに対応することができるわけだ。評議会議場のすぐ右手にある建物は正式には「トロス」というが、アテネ人はたいてい「日除け帽子（スキアス）」と呼ぶ。よく似た丸い形をしているからだ。ここでは、議会職員らが腰をおろして食事している風景が見られるかもしれない。食事はふつう、チーズと大麦の菓子、オリーヴの実、リーキ〔ユリ科ネギ属の野菜。タマネギ、ニンニクに近い〕とワインといったところだ。ただし、景気のいい時期なら肉や魚が加わることもある。飾りけのない黒い釉薬

アテネ豆知識

†のちには評議会議場はメトロオンすなわち旧評議会議場と呼ばれるようになる。新しい議場がすぐ裏の丘腹に建てられるからだ。

◎

†評議会（ブーレー）の語は、「熟考のすえに決定する」を意味するギリシア語から来ている。

◎

†出生から10日以内に、アテネ市民の子供はみな評議会議場に登録しなくてはならない。

◎

†「アゴラ」の語は、「集まる」「会合する」を意味する動詞「アゲイロ」に由来する。

◎

†アゴラの雨水管渠は石組みで、その水はエリダノス川に排出される。この管渠は2500年後にもまだ立派に現役だ。

◎

†建物がペンテリコン大理石製だという場合、それはその大理石が高級品で、アッティカのペンテリコン山〔アテネの北東にある山〕から切り出されたという意味だ。

を塗った食器には、はっきりとDEにあたる文字（デモシオン、すなわち市有財産の意）が入っていて、それで食事をする職員が誤って自宅に持ち帰ることのないようにしてある。

この地点から見て左右にのびる道路は、ペイライエウス門に通じる主要な道路だ。この道を南西に行くと将軍詰所（ストラテゲイオン）――アテネの将軍たちが会議を開く場所――の前を通り、しまいに牢獄に行き着く。アテネでは、長期の禁固刑よりも罰金や国外追放、そして死刑（それに値すると見なされればだが）のほうが好まれる。したがって牢獄はあまり大きな建物ではなく、一部は薬局になっていて、となりの監房に収監されている悪党に致死量の毒ニンジンを処方している。この牢獄がある場所は、アゴラの正式な境界の外になる。アゴラはその手前のかどの小さな靴屋までで、そこには境界を示す大理石の柱のひとつが立っているが、これらの柱にはそれぞれ「われはアゴラの境界標なり」と刻まれているから、この点に関して疑問の余地はない（上図参照）。

アゴラの境界石のひとつ

ここでまわれ右をして、来た道を引き返して評議会議場の前を過ぎ、アテネの「王の列柱館」に向かおう。そう、民主政のアテネにも王がいるのだ。王（バシレウス）は名目上はアテネ政府の副司令官ではあるが、その役目は主として祭祀をお

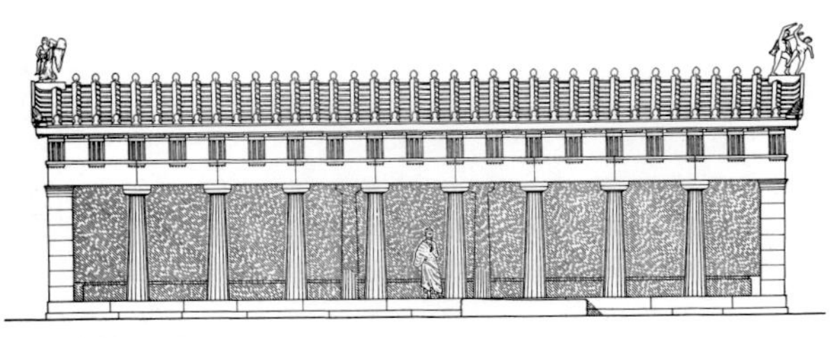
王の列柱館の正面

こなうことで、立法関係の義務も多少あるという程度だ。またその称号は世襲ではなく（称号保持者は毎年選挙で選ばれる）、したがってアテネに王子や王妃はいない。どんな問題に関しても、その法的な立場を確認したければ、この王の列柱館に足を運ぶ者が多い。法律は石に刻まれてここに置かれているからだ。独立の石板に刻まれることもあれば、壁に刻まれることもある。またこの列柱館の正面には、「王の石」と呼ばれる古くてなんの装飾もない切石が置かれていて、公職者は就任前にこの石にかけて誓いを立てることになっている。

この王の列柱館がやや見すぼらしく見えるのは、そのすぐそばにペンテリコン大理石に輝くゼウス・エレウテリオス列柱館が新築されているからだ。いまでもまだ職人が仕上げ作業を続けているし、絵師がみごとなフレスコ画を描

法律は王の列柱館に記され……9人のアルコン［市の高官］はその石にかけて誓いを立てる。

——アリストテレス『政治学』7・1-2

いている。戦闘の場面の絵もあれば、(当然ながら) どこにでも顔を出すテセウスの功業の絵もある。ゼウス・エレウテリオスは「自由解放神ゼウス」という意味で、アテネ人をペルシア人から解放し、その後の戦争に勝利をもたらしてくれた神のことをさす。これは行政の建物だが (つまり列柱館であって神殿ではない)、ゼウスの名で特別なものを作るべきだとアテネ人は考え、それで選ばれたのがこれなのだ。列柱館はしばしば裁判に使われる (ただし殺人事件は露天の法廷で裁かれる)。ある喜劇作家は、アゴラのこのあたりではなんでも買えると言っている。イチジクでもバラでも水時計でも、そして証人でも。なかでも引っ張りだこなのは証人だ。なにしろこの都市の住民は機嫌を損ねるとすぐに司法に訴えるし、しかもちょっとしたことですぐに機嫌を損ねると来ている。一流の弁護士なら、陪審員の数よりずっと多くの聴衆を惹きつける。人々は演説にかけては耳が肥えていて、人気の弁護士が演説するとなれば大勢が傍聴にやって来るのだ。

この道をさらに進むと四つ辻に出る。そして四つ辻につきものの社が建っている。その近くにあるのが

セミが木々のあいだで騒ぐのは1か月か2か月だが、われわれアテネ人は年がら年じゅう訴訟のことで騒ぎたてている。

——アリストパネス『鳥』40

人だかりでなかなか泉には近づけないし、派手に刺青をした奴隷たちが押し合いへし合いして、右や左の水がめを叩き落としながら列の前に突っ込んでくる。

——アリストパネス『女の平和』330

騎兵隊司令部(ヒッパルケイオン)、アテネ貴族で構成される騎兵隊の本部だ。演習の日にこのパンアテナイア通りを歩くときは、騎兵がこっちに走ってこないか油断なく見張っていなくてはならない。この道は教練に使われるからである。とはいえたいていの人は気にしない。ヒッパルケイオンはまた、すばやい馬の乗降を練習する新米という形で、どたばた喜劇をただで見せてくれるからだ。アテネの騎兵隊の馬は後代の馬種よりかなり小さいとはいえ、あぶみを知らない世界では乗り損ねたり振り落とされたりはしょっちゅうあることなのだ。もっとちゃんとした競技を見せるときは、イクリアと呼ばれる特殊なスタンドが見物人のために立てられる。こういうときは見物して損はない。完全武装の選手たちが、走る戦車に飛び乗ったり飛び下りたりする競技が含まれているときはとくにそうだ。

ヒッパルケイオンの近くの井戸水を飲むのはやめておこう。ここの水は鉛の含有量が高い。使用済みの記録——薄い鉛の細片に刻んだもの——がしょっちゅう捨てられるからだ。のどが渇いたなら、美しいエンネアクルノスの泉場へ行って、獅子頭の噴出口から新鮮な湧き水をぞんぶんに飲もう。

アゴラのヒッパルケイオン周辺には明らかに馬の気配が濃厚だが、それはたんに、興奮した馬の落とし物が完全に清掃されていないからだけではないだろう。なにしろ周辺の建物を見れば、行進したり戦ったりしている騎兵の浅浮彫りだらけなのだ。たとえば陣形を組んだ分隊を描いたものがある。指揮官が先頭、副指揮官がしんがりにいるから、新たな危険に出くわしたときは、たんに馬をぐるりとまわれ右させるだけで、指揮官と進行方向をすぐに変更でき、しかも陣形はもとのままというわけである。

この区域には、いまのアテネで最も有名な建造物のひとつ、彩画列柱館（ストア・ポイキレ）がある。この建物が占めている場所は、アゴラでも最も好ましい場所と言ってよいだろう。広いパンアテナイア通りを見おろし、また冷たい北風が頑丈な裏の石壁に吹きつける冬にも、正面は暖かい陽差しを浴びている。この列柱館は建材も様式も折衷的で、大理石とさまざまな種類の石灰岩で建てられているだけでなく、外側の柱は質実剛健なドリス式、内側の柱はもう少し装飾的なイオニア式になっている。この建物の正式な名称は、建造の責任者の名をとってペイシアナクテイオスという。後世に名を残すという意味では残念なことに、ペイシアナクスはいい仕事をしすぎた。この建物を装飾する木製の鏡板に、壮麗な絵を描かせてしまったのだ。おかげで「彩画列柱館」としか呼ばれなくなったが、しかしその名にふさわしい建物なのはまちがいない。

この絵を描いたのは、アテネでも指折りの画家たちである。赤が大量に使われているが、全体のテーマが最近の、そして伝説上の戦争でアテネが敵を打ち負かした場面なのだからしかたがない。アマゾン族との戦争や、トロイア戦争の絵もあるが、白眉はマラトンの戦いの壁画である。ペルシア軍の戦列が崩れはじめた瞬間を描いたものだ。

ここには、アテネの武勇を示すもっと具体的な記念品も展示されている。アテネ人は、戦場でどんな敵を倒したかを示すために、好んで敵から奪った盾を壁にかけておくのだ（いちばん目立つ場所には、特徴的な逆Ｖの字を描いたスパルタ軍の盾がかかっている）。この列柱館はいつも人でごったがえしているが、なかでもとくに避けなくてはいけないのは、物乞いと大道芸人とスリとソーセージ売り、そしてソクラテスである。彩画列柱館には哲学者がよくたむろしていて、のちにキティオンのゼノン〔前335～263ごろ〕もここで哲学を教えることになる。その教えがストア哲学と呼ばれるのは、この建物にちなんでいるのだ。

パンアテナイア通りは、アゴラを斜めに突っ切る広い道だ。この道をもう少し先へ行くと十二神の祭壇がある。立ち止まってじっくり鑑賞しよう。アテネからの各地の距離は、ここを起点として測定されている。また、生命からがら逃げてくる人が、神々に保護を求める場所でもある。この古い祭壇が物語っているとおり、市場となりアテネの行政の中心地となるずっと以前から、この土地は人々に利用されてきた。伝説にすらほとんど名を残していない遠い昔の人々が、ここに井戸を掘り、アゴラを墓地として使っていたのだ。迷信深いアテネ人は墓地に足を踏み入れるのをこわがるくせに、遠い祖先の骨のうえを日々それと知らずに歩きまわっているわけだ。

次は、アゴラ中央のオープンスペースを横切ってみよう。市（いち）の立つ日には、ここは仮設の露店でほとんど埋もれている。またそれ以外の日には、さまざまな屋外のお楽しみが催されていることが多い。このあたりは大きく分けて、北から西にかけての建物はおおむね行政施設で、南から東にかけては主として商業施設になっている。しかし、市場を監督する役人の事務所は南列柱館にあるし、すでに見たように、北側の列柱館で商業活動が見られないわけではまったくない。つまり、アゴラでは行政と商業がきれいに分かれているわけではなく、ごた混ぜのなかの濃淡の変化というほうが近い。

南列柱館もまたアテネの建設ブームの産物であり、出来立てほやほやで塗料も乾ききっていないぐらいだ。ここはショッピングセンターで、その長い柱廊に2列に並ぶ柱は上品そのものだからあまり気がつかないかもしれないが、壁の上部は日干しの泥レンガでできている。アゴラの他区域に建つ公共の建物では大理石が惜しげもなく使われてい

十二神の祭壇に逃げ込んで保護を求める

るのに、それがここではかなり節約されているのだ。柱廊の奥には小さな部屋がずらりと並んでいる。その部屋のドアは中央から少しずれているが、これは食事用の寝椅子をいっぽうの壁際に置くのに好都合だからである。ここの商人たちは、昼食をとりに帰宅してそのあいだの儲けをふいにするようなことはしないのだ。それどころか、逆に昼食をとりながら商談をまとめようという腹づもりなのかもしれない。

南列柱館のそばに小さな建物があるが、おそらく公式の分銅が鋳造されたのはここだろう。これは国の鋳造所で、オイルランプとか、多少の青銅の硬貨——銀貨主体の貨幣制度でもいくらかは必要だから——などが製造されているが、のちには造幣所として使われるようになる場所だ。

最後に、まだテセウスに飽き飽きしていなければだが(ほとんどのアテネ人はテセウスに飽きるということがないらしい)、アゴラをはずれて数百メートル東に向かい、テセイオンを探してみよう。全アテネ人の英雄の墓でもあり神殿でもある建物だ。伝説によればテセウスはスキュロス島で亡くなったとされているので、先ごろアテネ人は多大な労力を注ぎ込んで、この島でテセウスの遺骨探しをした。そしてついに、島の古い様式で造られた墓から大きな遺骨を見つけ出し、それをアテネに持ち帰ってきたのだ。その墓はいまでは、テセウスの名高い戦闘の絵で飾られているが、描いたのは当代最高の画家たちである。テセウスは貧しい人や土地を失った人を保護したとされているので、主人の怒りを買った奴隷や、有力者に抑圧された人々はこ

アテネ豆知識

†エンネアクルノスの水はとても澄んでいるので、アテネの花嫁が婚礼の日におこなう浄めの儀式に使われている。

◎

†アテネ貴族からなる騎兵隊の隊員は、一般市民より髪を長く伸ばしていることが多い。

◎

†1世紀後、極端な清貧を説くキュニコス学派のディオゲネスは、しばしばゼウス列柱館を一夜の宿に利用することになる。

◎

†スパルタの盾に描かれる逆Vの字は、ギリシア文字のラムダ、すなわちスパルタの周辺地域をさす「ラケダイモン」の頭文字である。

☞度量単位

1 スタテル（約 794 グラム）——指関節の骨で表わす
1/4 スタテル（193 グラム強）——盾で表わす
1/6 スタテル（約 128 グラム）——亀で表わす
（分銅にはこれらの図が捺されている。もし捺されていなかったら、重さにまちがいがないか役人に量ってもらおう。）

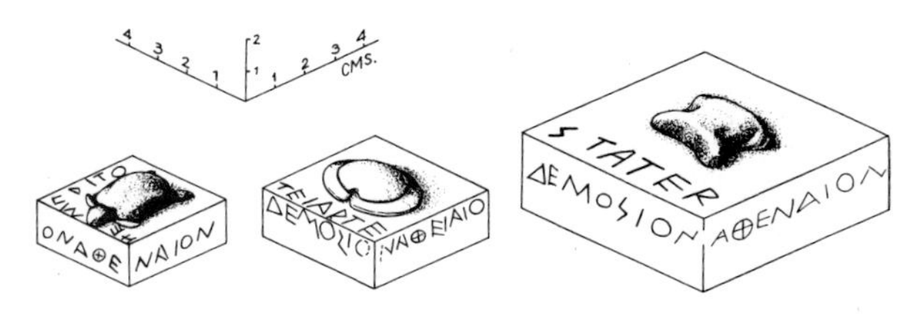

正式な分銅のひとそろい。側面に捺されているのはこれを確認したデモスの名

こに逃げ込んでくることが多い。

アテネは建築家にはかなり厳しいが、いまここで多くの建築家が仕事をしていることを思えば、これはけっして悪いことではない。民会によって監督される 5 人委員会がその仕事を管理し、建築家は報酬よりも名声のために仕事をすることになっている。建築の請負を認められた者は、みなその料金を供託し、1 ドラクマの漏れもなく、なにに使ったか記録しなくてはならない（経費のリストはのちに公開される）。25 パーセント以上も足が出た場合は、その超過分は建築家の報酬から出すことになっている。

後年のアゴラは、新たな政治や商業の指導者のもたらす記念碑的な建造物によっていっそう飾られていく。しかし、前 431 年のアゴラは、その後2度と見ることのできないきら星に輝いている。ペリクレス、ソクラテス、トゥキュディデス、そしてソポクレスがその通りを歩き、酒場の客となっているのだ。アテネが世界を未来に導く都市であるとすれば、その都市に活力をもたらす脈打つ心臓、それがアゴラである。

アクロポリス

観光客は、アクロポリスをパルテノンのことだと思い込んでいることが多いが、これはまちがいだ。パルテノンはアクロポリスに建つ神殿のことで、「アクロポリス」とは丘のことであると同時に、その丘のうえにある宗教施設、要塞、そして国庫をひっくるめて指す言葉だ。多くのギリシアの都市にはアクロポリスがあるが、パルテノンはひとつしかない。

アクロポリス観光を始めるには、まず丘の西側の斜面にまわろう。それに好適な季節は、冬が終わって春が来るころだ。空気は澄み、丘のくぼみにも突き出た岩にも野花がいっせいに咲きはじめる。幅広で湾曲した階段を登ってアクロポリスの頂きに着けば、そこに待っているのがプロピュライアだ。これは文字どおり「前門」という意味だ（「プロ」は「前」、「ピュライ」は「門」を意味する）。アクロポリスのその他の驚異を見もしないうちに、それにそなえてしかるべく畏れ入らせるために建てたのかと思うほど壮麗な建造物だが、プロピュライアは飾りではなく本物の入口である。パウサニアスはこう説明している。

> これはアクロポリスの唯一の入口である。ほかに入口はない。丘の斜面は急なうえに、周囲は防壁に囲まれているからだ。　　　――パウサニアス『ギリシア案内記』1・22・4

プロピュライアはそれじたい大規模な建造物であり、それどころか実際の門の左側には部屋まであって、それが小さな美術館になっている。天井は白いペンテリコン大理石製で、灰色のエレウシス大理石をあちこちに配して変化をつけている。アクロポリスは全体に実用的な要塞であると同時に芸術作品でもあるから、ドリス式のパルテノンのテーマがこのプロピュライアにも反映されており、その柱はパルテノン神殿の柱と同じ寸法で造られている。それどころか、柱が立っている石段さえ、門のその他の部分との比率がきちんと計算されていて、美的に快い部分を白い大理石で目立たせ、残りは灰色で背景に溶け込むように配慮されている。この設計をおもに手がけたのは、ペイディアスの同僚で建築の天才ムネシクレスだ。

逃亡奴隷、犯罪者、罪の穢れを浄められていない者、その他さまざまな社会のクズどもは、これより先には入ることができない。こういう連中をここで阻止するには、少なくともふたつ立派な理由がある。第1に、この内側にはアテネの国庫がある。そして第2に、良心に罪のとがめのある者は、適当な社に逃げ込んで保護を求めると司法の手を逃れられるからだ（聖域に逃げ込んだ者は神の保護のもとに

柱の種類

柱はその「柱頭」によって区別できる。柱頭とは、屋根の横げたがじかにのる部分をいう。

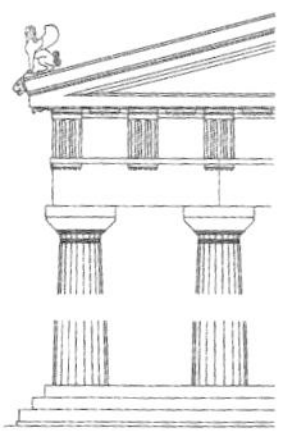
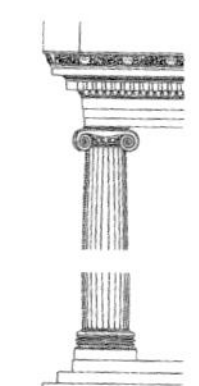

ドリス式　イオニア式　コリント式

ドリス式…飾りけがなく質実剛健。てっぺんのごく一部に少し角度がついて広がっているだけのこともある。

イオニア式…ドリス式よりは多少装飾的で、上下さかさまの巻物に似て見えるものもある。

コリント式…ひじょうに凝っていて、サボテンとトリフィド［SF の植物怪獣］をかけあわせたものが柱のてっぺんにのっているように見える。いまのアテネではまったく見かけないが、後代には大いに増殖する。

アイオリス式…ややまれ（もっとも小アジア北西部では一般的)。芸術的にめくれた葉がかたどられている。これが好きだと吹かす連中がいるのは、知識をひけらかすことができるからだ。

あるとされる）。

殺人を犯してまだ浄められていないとか、逃亡奴隷だとか、その他さまざまな破壊行為で良心にとがめがあるとか、そんな心当たりがなにもないことをざっと胸中で確かめたら、門をくぐって右に曲がろう。その先にあるのがアテナ・ニケを祀った小さな神殿で、ペルシア軍への勝利を感謝して建てられた美しい建築だ。蜂蜜入りの菓子か花を忘れずに持ってきて、祭壇に供えよう。そうすればここにやって来たほんとうの理由――息をのむ眺めを楽しむためという――に女神も目をつぶってくださるだろう。ここからはアテネを越え、ペイライエウスの町も越え、その港に入ろうと急ぐ三段櫂船や商船まではるかに眺めることができる。晴れた日（そしてこれはめずらしいことではないが、アッティカの空気が魔法のように澄み渡っているとき）には、群青のサロニコス湾に浮かぶ島々が太陽に褐色に灼かれるさまが、そして遠い水平線上でペロポネソス半島の山々が薄墨色にかすむさままで見ることができるのだ。

この神殿じたいも小さな宝石のようだ。イオニア式の柱とフリーズが四周にめぐらされており、フリーズの浅浮彫りには例によって戦場でのアテネ軍の勝利の場面が描かれている。しかし、石に刻まれた虐殺の場面は、周囲に広がる静謐な景色のなかではわざとらしく不自然に見える。眺めを堪能したら（それにはしばらくかかるだろう）、また北へ戻ってアテナ・ポリアス神殿に向かおう。この神殿はエレクテイオンと呼ばれたりもするが、これはたぶん伝説の王エレクテウスにちなんでいるのだろう。銘文が示すとお

アテネ豆知識

†プロピュライアの中央部分は、ベルリンのブランデンブルク門のモデルになった。

†「アクロポリス」の語は、高いを意味する「アクロ」と都市を意味する「ポリス」の組み合わせである。

†アテナ・ニケの社は独立の建物であり、そこに入った時点で公式にはアクロポリスの外に出たと見なされる。

り、一時は年齢も技能も階層もさまざまな110人の人々が、一律1日1ドラクマでエレクテイオン建造のために働いたという。この神殿については、パンアテナイア祭との関連ですでに述べた（第7章)。ここは、アテナとポセイドンがアテネの守護神の地位をめぐって争った場所とされている。ポセイドンが岩を打って（ポセイドンのトレードマークの三叉の矛のあとが残っている）泉を湧き出させたのに対して、アテナが贈ったのがオリーヴの木だった。これが最初のオリーヴの木で、神殿の壁のすぐ外にある狭い庭にいまも生えている。ペルシア軍がアクロポリスを破壊したとき、この木にも火がかけられたが、1日とたたずにまた芽吹いたと言われている。

ここでも、しばらく時間をとってじっくり鑑賞しよう。神殿の建物は全体にイオニア式で、近くに建つドリス式のパルテノンの峻厳な姿とは優美な対照をなしている。その無理のないラインを見ると、この神殿が建築上のアクロバットだということに最初は気がつかない。丘のこの部分にはもともとさまざまな神々の聖域があったから、建築家はそれに配慮しながら建てなくてはならなかった。そんなわけでこの小さな神殿には、アテナだけでなくゼウスやポセイドン、ヘルメス、ヘパイストスも祀られている。おまけに、その他さまざまな半神や英雄まで詰め込まれているのだ。あまりに神聖すぎて息が詰まりそうになってきたら、外のポーチに飛び出してひと息つこう。プラトンはのちに、すべてのものに完璧な形状があり、それ以外のものは劣化コピーだと言っているが、それで行くとこのポーチこそは完璧なポーチである。アクロポリスではほとんどなんでもそうだが、最初のノミを入れる前に綿密な設計と計算がなされていて、その知恵と努力をしぼった結果としてできた建造物は、完全に自然でまったく無理のない姿に見える。すべてが所を得てあるべき姿でそこにあるように見え、これ以外の形状など想像もできないほどだ。ポーチに出たら、美しい６人の乙女とともに同じ眺めを楽しもう。この乙女たちは石造りで、柱の役目を果たしている（女像柱（カリュアティデス）という）。頭に屋根をのせているが、そのくつろいだ立ち姿を見るかぎり、なんの苦もなくその仕事をこなしているようだ。そして事実、これから数千年間も軽々とその仕事をこなしつづけるのである。見渡せば山々――北のパルネス山、近くのリュカベットス山、遠くのヒュメットス山――が地平線をなし、アッティカの緑と金褐色の野が市の城壁の向こうにはるばると広がっている。左手を見おろすと、アゴラを動きまわる人々がアリのように小さく見え、市の喧騒が遠くかすかに聞こえてくる。ずっとここにいたくなってくる。

とはいえ、最高の見どころが最後に控えている。いよいよアクロポリスの宝冠ことパルテノンに向かおう。処女神アテナの神殿、世界一美しいと広く認められている建造物だ。言うまでもなく、パルテノンは最初から有利な条件に恵まれている。周囲には目を奪うほどの美しい景観が広がっていて、みごとな建築手腕によってその環境に調和して

プロピュライアから最初に目に飛び込んでくるアテナ・プロマコス像とパルテノン

世界一美しい建造物、アクロポリスのパルテノン

いるのだ。たとえパルテノンがどうしようもない駄作だったとしても、アクロポリスの丘には登る価値があっただろう。しかるにこの神殿は実際には、周囲の絶景すらかすむほどに輝いている。

ここを訪れる人にとって、パルテノンを見るのはこれが初めてではないだろう。アテネにいればそれはいつでもそこにある。丘の頂きに静かに輝く宝石であり、近くにそびえる巨像護戦者アテナ(アテナ・プロマコス)の盾や槍に、ときおり陽光が反射して燦然と輝くのも見える。しかし、パルテノンのすぐそばまで来て初めて、その巨大さに人は圧倒される。17本の巨大な大理石の柱が側面に並び、抗いようもなく視線は空に向かい、屋根のすぐ下の影に包まれたフリーズに惹きつけられる。パルテノンは建築物として、というよりなにとしてであっても強烈な印象を残す作品だが、その効果は偶然に生じたものではなく、意図的に緻密な計算のうえに作りあげられたものだ。

柱はたしかに高々とそびえているが、上部に向かうにつれて少しずつ細くなっていて、目の錯覚で実際よりずっと高く見える。同じ角度で見あげたときの印象は、もっと高い柱のそれだ。四隅の柱はほかより５センチほど幅広になっており、したがって隣の柱とのすきまがほんの少し他より狭くなっていて、遠近法のいたずらでずっと遠くにあるように見える。また建物全体も完璧に垂直には建っておらず、感知できないほどわずかに内傾している。巨大な崖の全体を視界におさめようと、そりかえって眺めたときと同じような効果をそれがもたらす。正面の幅は柱８本ぶんだが、この種の神殿の標準は６本であり、これまたパルテノンを実際の面積よりも大きく見せている。それでいて、実際より大きく見えるがゆえに、パルテノンは筆舌に尽くしがたい優美さを獲得している。見る者は無意識のうちにもっとかさばる頑丈な構造を期待するから、実物の軽やかさ繊細さがとうていありえない域に達しているように見えるのだ。

もうひとつ印象に残るのは、これはとくに近くで見たときに驚くのだが、後代に見る峻厳な白い大理石そのままの姿ではないということだ。パルテノンは色彩にあふれている。外側の柱は薄い灰色、内側の柱は淡黄色に塗られているし、彫像の肌はすべて本物のような色に塗られ、衣服の刺繍やすそ飾りも着色されている。壁すら濃青色や赤レンガ色に塗られていて、磨かれた青銅製の神殿の扉にそれが

アテネ豆知識

†アッティカでは焼成粘土の瓦が使われているが、パルテノンの瓦は大理石を削って作られている。

◎

†アテネ人はほぼ全員、時間または資金を差し出してパルテノン建築に協力している。

◎

†パルテノンではおよそ1万3500個の切石が使われているが、同じ形のものはきわめて少ない。

◎

†パルテノンは東西軸に沿ってわずかに膨らんでいる。

◎

†内側のフリーズの高さは約90センチ、長さは150メートルを超えている。

◎

†ペディメント［建物の正面および裏面にある、屋根と柱のあいだの三角形の部分］を飾る像はおよそ50体で、神話に題材をとっている。

◎

†輸送費と人件費を加えると、柱を1本完成するのに必要な経費はおよそ5000ドラクマになる。これは職人の賃金にして17年ぶんに匹敵する。

ことのほかよく映える（神殿のなかに入ったら、忘れずに天井を見あげよう。天井の格間には凝った装飾がほどこされ、その直線や曲線がそれぞれ繊細な色彩で引き立てられている）。

外観から受ける全体的な印象は上品で、色彩豊かな流れるようなライン、巨大な、それでいて重さを感じさせない石組みが、神殿を飾る色鮮やかなフリーズに見る者の目を誘う。東面にはアテナの誕生が描かれている。ゼウスは堂々たる玉座に腰かけて、彼のひたいから飛び出したわが子を見守り、ヘパイストスはアテナのそばに斧を持って立ち、その他のオリュンポスの神々は新たに加わった仲間に驚きの目を向けている。反対側の西面に描かれているのもやはり神話だ。市の守護神の地位をめぐる争いにおいて、アテナのオリーヴの木がポセイドンの三叉の矛に打ち勝つさまが描かれている。

神殿に入るつもりでやって来たのに、気がつけばつい周囲をめぐっている。カニ歩きをしながら彫像に見入ってしまうのだ。躍動感にあふれ、これ以上は想像もできないほど完璧な姿形。これほどの彫刻は、質・量ともに世に知られたどんな世界にも存在しないだろう。ケンタウロスとアマゾン女族とが戦っているかと思えば、ギリシア兵がペルシアの弓兵に手こずっていたり、神々が巨人と戦っていたりする。それを見ていくうちに、アテネ人の訴えたいことが胸にしみこんでくる――理性は不合理に打ち勝ち、文明は野蛮に打ち勝ち、自由は全体主義に打ち勝つのだと。しかし皮肉にも、このメッセージにはのちに影が落とされる。

このフリーズの多くは、狂信者の群れによって修復不能なほど破壊される。そしてパルテノンじたいも、弾薬庫として使われているうちに、爆発事故で危うく崩壊しそうになる。数千年を経たのちも、文明が野蛮に打ち勝ったとは言いきれないのである。

それはさておき、内部のフリーズにはアテネ人の活力と楽観主義が表わされている。女神への奉献物をもって神殿に向かって行列する市民が描かれるのだが、祭に参加する市民はみな誇りと喜びに満ち、その歩きぶりには謙虚さよりも自信が、神妙さよりも威厳が感じられる。ここに表現されているのは、この都市とその住民が自認するみずからの姿であり、アテネ人とその守護女神とが集まって、りっぱに務めを果たしたことを互いに称えあっている姿だ。

フリーズに見る古典古代ふうの騎手たち。理想化されてはいるが現実の姿だ。鞍を置かない馬に裸で乗るのが安全でふつうのこととされているのである。

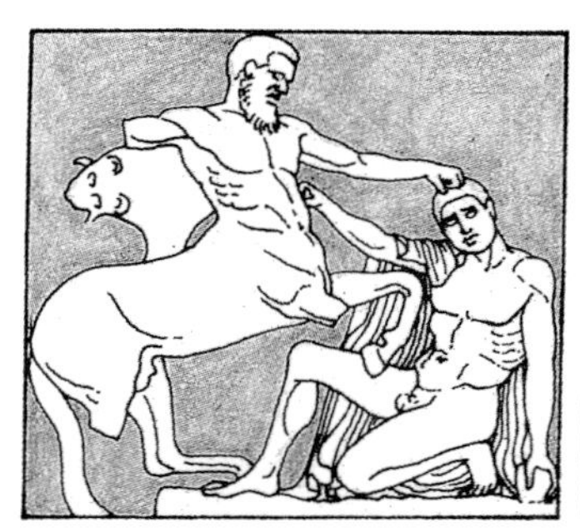

メトープ［フリーズを縦溝で区切った区画］の像（上および右）。ラピテス族の男と戦うケンタウロス

ケンタウロスは賢くて親切だが、酔うと強暴になる

神殿内に立つのは、処女神（アテナ・パルテノス）アテナそのひとの似姿である。ペイディアスの傑作たる女神像は、黄金と象牙に光り輝いている。その右の手のひらにのる勝利の女神像すら人間より大きく、女神の槍は天に届くかと思わせる。甲冑と兜を着けた姿は静かな威厳をたたえ、巨大な黄金のアテナ女神は、アテネが体現し最も重んじる価値の具現——息をのむほど美しくも畏れ多い具現なのだ。

しかし、その輝かしさにもかかわらず、パルテノンはアクロポリスの信仰の中心ではない。その役割をになうのはエレクテイオンだ。パルテノンでは、アテナはアテネ人の価値を守っているだけでなく、アテネの貴重品も守っている。先にもふれたように、国の黄金の備蓄の多くがアテナの黄金の衣服という形で保管されているし、またこの神殿内には黄金の鉢や冠、銀を鍛造して宝石を嵌め込んだ奉納品が納められてもいる。火急のときには、これらの貴金属品は売却したり溶かしたりして、帝国を維持するための陸軍や三段櫂船の代金に当てられるわけだ。しかしいまのところ、アテネはおおむね平和であり、市に流れ込む収入は空前の額に達している。そのあふれる富の多くは、アテネをギリシア随一の都市にするための建設に注ぎ込まれているが、一部は国庫に納められ、将来のために蓄えられている。知恵の女神アテナなら、この用心をまちがいなく嘉（よみ）されることだろう。

パルテノンの東面のペディメントには、太陽神ヘリオスが描かれている。ヘリオスは、その娘にして曙の女神アウロラを通じてアテナとつながるのだ。アテネに朝が訪れると、曙光はまずパルテノンの東のペディメントを照らしだす。足もとの都市がまだ深い影に沈んでいるうちに、パルテノンは黄金と暖かい蜂蜜色に輝きはじめる。

いま——朝まだき、希望に満ちた新たな始まりのいまが一番かもしれない。パルテノンを、そしてアテネを立ち去るのだ。朝日がアクロポリスに降り注ぎ、ギリシアが新たな１日に目覚めようとしているうちに。

役に立つギリシア語会話

☞饗宴の席で

いっしょに饗宴に行きたいのは山々だけど、今夜はタペストリーを織るのを手伝うっておかあさんに約束したの。
egō soi pros to sumposion hekōn sunēkolouthoun an, ei mē hupeschomēn meta tēs mētros huphēnai tēsde tēs hesperās.（エゴー・ソイ・プロス・ト・シュンポシオン・ヘコーン・シュネーコルートゥーン・アン、エイ・メー・ヒュペスコメーン・メタ・テース・メートロス・ヒュペーナイ・テースデ・テース・ヘスペラース）

すみません、超越的な性質の存在状態論じるか、もっと酒を飲むかどちらかにしましょう。両方いっしょにはできません。
sungnōthe moi: ē gar peri tou ontos tou theiou exetazōmen ē pleion sumpīnomen. amphoterō gar hama poiein adunatō.（シュングノーテ・モイ、エー・ガル・ペリ・トゥー・オントス・トゥー・テイウー・エクセタゾーメン・エー・プレイオン・シュンピーノーメン。アンポテロー・ガル・ハマ・ポイエイン・アデュナトー。）

ほんとですよ、ホメロスの苗字はシモノスですってば［アメリカのテレビアニメ『ザ・シンプソンズ』の登場人物ホーマー（ホメロスの英語読み）・シンプソンのこと。シンプソンは「シモンの息子」の意であり、それをギリシア語にするとシモノスになる］。
ho dē Homēros ontōs ēn ho Simōnos.（ホ・デー・ホメーロス・オントース・エーン・ホ・シモーノス。）

ソポクレス？　ああ、悪くはないけど、短長六歩格をほんとに理解しているという点では、どう考えてもアイスキュロスが上だね。
peri Sophokleous? ouk amathēs esti, all' ei tina entribestaton tois trimetrois iambois meterchēi, hairou pantapāsi ton

Aischulon.（ペリ・ソポクレウース？　ウーク・アマテース・エスティ、アッル・エイ・ティナ・エントリベスタトン・トイス・トリメトロイス・イアンボイス・メテルケーイ、ハイルー・パンタパーシ・トン・アイスキュロン。）

すぐに酒杯を持ってきてくれ、脳みそを湿らせてうまいことが言えるように（アリストパネス）
all', exenengke moi tacheōs oinou choā, ton noun hin' ardō kai legō ti dexion.（アッル、エクセネンケ・モイ・タケオース・オイヌー・コアー、トン・ヌーン・ヒン・アルドー・カイ・レゴー・ティ・デクシオン。）

注意して聞き、適切に語れ。
akouson akribōs, eukairōs eipe.（アクーソン・アクリボース、エウカイロース・エイペ。）

それでソクラテスさん、奥さんは元気？
ag' eipe moi, ō Sōkrates, pōs echei hē sou gunē?（アグ・エイペ・モイ、オー・ソークラテス、ポース・エケイ・ヘー・スー・ギュネー？）

☞街なかで

それいくら？
poson touto didōs?（ポソン・トゥート・ディドース？）

高すぎる！
tīmiōteron estin.（ティーミオーテロン・エスティン。）

金返せ！
apodos moi to argurion.（アポドス・モイ・ト・アルギュリオン。）

迷っちゃった。
ouk oid' hopou gēs eimi.（ウーク・オイド・ホプー・ゲース・エイミ。）

すみません。
sungnōthe moi.（シュングノーテ・モイ。）

手を貸してもらえませんか。
em', ei dokei, ōphēleseis?（エム、エイ・ドケイ、オーペーレセイス？）

これ、アゴラで買ってきたんだ。
touē ēgorasa.（トゥーテー・エーゴラサ。）

帽子をかけとくところがほかになかったんで、でも目障りならヘルメス柱像からはずします。
all' ouk edunamēn allothi to emou pīlidion tithenai, ei d' isōs touto chalepos phereis, auto ton Hermēn ekdūsō.（アッル・ウーク・エデュナメーン・アッロティ・ト・エムー・ピーリディオン・ティテナイ、エイ・ド・イソース・トゥート・カレポス・ペレイス、アウト・トン・ヘルメーン・エクデューソー。）

この渡し船はサラミスに行きますか。行かないのなら、いつ漕ぐのをやめられますか。
āra porthmeuometha pros tēn Salamīna?　ei mē, pot' elaunein pauōmai?（アーラ・ポルトメウオメタ・プロス・テーン・サラミーナ？　エイ・メー、ポト・エラウネイン・パウオーマイ？）

蜂蜜菓子を３つ、スミレをひと束、それから持ち帰り用のフライドフィッシュをください。
ekdot' emoi, ei dokei, treis melitoussās kai stephanon iōn kai phruktous ichthūs.（エクドット・エモイ、エイ・ドケイ、トレイス・メリトゥーッサース・カイ・ステパノン・イオーン・カイ・プリュクトゥース・イクテュース。）

アポロンがきさまのオリーヴ林と羊と股間を不毛にしてくださるように！
parechoi ho Apollōn tās sās elaiās kai ta probata kai to sperma akarpa.（パレコイ・ホ・アポッローン・タース・サース・エライアース・カイ・タ・プロバタ・カイ・ト・スペルマ・アカルパ。）

中古のスキュタイ人を探してるんだが。状態のいいやつで、使い走りに出したり子供を学校へ迎えにやらせたりできるのを。
doulon tina zētō Skuthikon, entelē kateschēmenon ēd', hina pragmata te polla poiēi kai tous paidas ek tou didaskaleiou oikad' anagēi.（ドゥーロン・ティナ・ゼートー・ステュティコン、エンテレー・カテスケーメノン・エード、ヒナ・プラグマタ・テ・ポッラ・ポイエーイ・カイ・トゥース・パイダス・エク・トゥー・ディダスカレイウー・オイカド・アナゲーイ。）

☞酒場で

これは私にはちんぷんかんぷんだ。
tauta pant' esti moi barbara.（タウタ・パント・エスティ・モイ・バルバラ。）

乾杯！
propīnō soi.（プロピーノー・ソイ。）

ビールをくれ。
oinon ek krithōn pepoiēmenon ekchei moi.（オイノン・エク・クリトーン・ペポイエーメノン・エクケイ・モイ。）

いつまで待たせるんだ？
poson chronon epimenō?（ポソン・クロノン・エピメノー？）

もうこんな時間！
pēnik' esti.（ペーニク・エスティ。）

2時間の遅刻だよ。
bradus ei miāi hōrāi.（ブラデュス・エイ・ミアーイ・ホーラーイ。）

おれの女房からすぐに手を放せ、このいけすかない酔っぱらいが。
autik' aphes em', anthrōpe, hode gar ho emou anēr nīkēn en tōi Delphikōi palaismati enīkēsen.（アウティク・アペス・エム、アントローペ、ホデ・ガル・ホ・エムー・アネール・ニーケーン・エン・トーイ・デルピコーイ・パライスマティ・エニーケーセン。）

亭主、みんなにまたオリーヴを頼む！
pleionas elaiōn echōmen, ō kapēle?（プレイナス・エライオーン・エコーメン、オー・カペーレ？）

スパルタ人とアテネ人とボイオティア人が酒場に入って……
Spartiatēs tis pote kai Athēnaios kai Boiōtos eis kapēleion badisantes ...（スパルティアテース・ティス・ポテ・カイ・アテーナイオス・カイ・ボイオートス・エイス・カペーレイオン・バディサンテス……）

ワインを注ぐと杯の内側はこんなふうになるものなの？
āra mē ho oinos tēn kulika houtōs blaptein philei?（アーラ・メー・ホ・オイノス・テーン・クリカ・フートース・ブラプテイン・ピレイ？）

ハニー、マントを着なさい。人が見てるよ。
analabe ton son chitōna, ō philtatē, eme gar erōti kēleis.（アナラベ・トン・ソン・キトーナ、オー・ピルタテー、エメ・ガル・エローティ・ケーレイス。）

もう帰らないと。だれか松明持ちを呼んでくれ。
iteon d' esti moi: proskalei nun paida te kai lampada.（イテオン・ド・エスティ・モイ、プロスカレイ・ニュン・パイダ・テ・カイ・ランパダ。）

☞政治や哲学を論じる

小アジアで陸戦をやっちゃいけない。
mēpote pros tēn Asiān polemēis.（メーポテ・プロス・テーン・アシアーン・ポレメーイス。）

人の望みと神の定めとは一致しないものだ。
ta anthrōpōn boulēmata tōn theōn epitagmatōn diapherei.（タ・アントローポーン・ブーレーマタ・トーン・テオーン・エピタグマトーン・ディアペレイ。）

どういう意味だ、おれがペルシア人に見えるってのは。
tini de tropōi son phainomai Persikos?（ティニ・デ・トロポーイ・ソン・パイノマイ・ペルシコス？）

おまえは政治家に必要な条件をみんな備えてるな。声はひどいし、生まれは悪いし、まるで品がないし（アリストパネス『騎士』217-18）
ta d'alla soi prosesti dēmagōgika, phōnēi miara, gegonas kakōs, agoraios ei.（タ・ダッラ・ソイ・プロセスティ・デーマゴーギカ、ポーネーイ・ミアラ、ゲゴナス・カコース、アゴライオス・エイ。）

高貴なる思想には高貴なる言語が必要。
to kalōs theōrein axioi to kalōs legein.（ト・カロース・テオーレイン・アクシオイ・ト・カロース・レゲイン。）

☞一般的表現

リュケイオン〔アリストテレスが開いた学校〕はどこですか。
pou esti to Lukeion?（プー・エスティ・ト・リュケイオン？）

どこへ行くのですか。
poi badizeis?（ポイ・バディゼイス？）

ペルシア人、ゴーホーム！
it' oikad', ō Persai.（イト・オイカド、オー・ペルサイ。）

これのやりかたがわかりますか。
oistha touto poiēsai?（オイスタ・トゥート・ポイエーサイ？）

これで終わり？
tout' exarkei?（トゥート・エクサルケイ？）

さよなら！
chaire.（カイレ。）

イラストの出典

Agora Museum, Athens　83
akg-images/Peter Connolly　218, カラー図版 I ～IV
akg-images/Erich Lessing　186下
American School of Classical Studies at Athens　112, 114, 198, 201, 202, 207, 210, 217
Antikensammlungen, Staatliche Museen zu Berlin　159, 186上
Archaeological Museum of Olympia　25
The Art Archive/Archaeological Museum, Istanbul, 撮影 Dagli Orti　10
Ashmolean Museum, Oxford　64上左、100
Bibliothèque Nationale, Paris　32
British Museum, London　各章タイトル横のコイン, 13, 82, 144, 146, 125, カラー図版X
Peter Bull　40
Cabinet des Medailles, Bibliotheque Nationale, Paris　カラー図版VIII、IX、XII
Mrs M.E.Cox from *The Parthenon and its Sculptures* by John Boardman, Thames & Hudson Ltd, 1985　222, 223
École Française d'Athénes, Fouilles de Delphes による再現画　21
Gerhard, *Auserlesene Griechische Vasenbilder* による　52
F.Kauss, 1943による　213
Metropolitan Museum of Art, New York　42, 193
Musei e Gallerie Pontificie, Vatican　カラー図版XI
Museo Nazionale Archeologico, Taranto　138
Museo Nazionale, Ferrara　カラー図版VII
Museo Nazionale, Naples　109, 135, カラー図版XIII
National Archaeological Museum, Athens　23, 137, 167, 190
Nationalmuseet, Copenhagen　64上右

Norbert Schimmel Collection, New York　33
Virginia Museum, Richmond　カラー図版 XIV

その他の線画はすべて Rhiannon Adam による

【索引】

ローマ数字はカラー図版の番号。

〔カ行〕

〔サ行〕

〔タ行〕

〔ナ行〕

〔ハ行〕

〔マ行〕

〔ヤ行〕

〔ラ行〕

本書は「ちくま学芸文庫」のために新たに訳出したものである。

台湾総督府　黄昭堂

清朝中国から台湾を割譲させた日本は、新たな統治機関として台北に台湾総督府を組織した。抵抗と抑圧と建設。植民地統治の実態を追う。（檜山幸夫）

増補 大衆宣伝の神話　佐藤卓己

祝祭、漫画、シンボル、デモなど政治の視覚化は大衆の感情をどのように動員したか。ヒトラーが学んだプロパガンダを読み解く「メディア史」の出発点。

ユダヤ人の起源　シュロモー・サンド　高橋武智監訳　佐々木康之／木村高子訳

〈ユダヤ人〉はいかなる経緯をもって成立したのか。歴史記述の精緻な検証によって実像に迫り、そのアイデンティティを根本から問う画期的試論。

中国史談集　澤田瑞穂

皇帝、彫青、男色、刑罰、宗教結社など中国裏面史を彩った人物や事件を中国文学の碩学が独自の視点で解き明かす。怪力乱「神」をあえて語る！（堀誠）

同時代史　タキトゥス　國原吉之助訳

古代ローマの暴帝ネロ自殺のあと内乱が勃発。絡みあう人間ドラマ、陰謀、凄まじい政争を、臨場感あふれる鮮やかな描写で展開した大古典。（本村凌二）

秋風秋雨人を愁殺す　武田泰淳

辛亥革命前夜、疾風のように駆け抜けた美貌の若き女性革命家秋瑾の生涯。日本刀を鍾愛した烈女秋瑾の思想と人間像を浮き彫りにした評伝の白眉。

歴史（上・下）　トゥキュディデス　小西晴雄訳

野望、虚栄、裏切り――古代ギリシアを殺戮の嵐に陥れたペロポネソス戦争とは何だったのか。その全貌を克明に記した、人類最古の本格的「歴史書」。

日本陸軍と中国　戸部良一

中国スペシャリストとして活躍し、日中提携を夢見た男たち。なぜ彼らが、泥沼の戦争へと日本を導くことになったのか。真相を追う。（五百旗頭真）

カニバリズム論　中野美代子

根源的タブーの人肉嗜食や纏足、宦官……。目を背けたくなるものを冷静に論ずることで逆説的に人間の真実に迫る血の滴る異色の人間史。（山田仁史）

帝国の陰謀　蓮實重彦
一組の義兄弟による陰謀から生まれたフランス第二帝政。「私生児」の義弟が遺した二つのテクストを読解し、近代的現象の本質に迫る。（入江哲朗）

戦争の起源　アーサー・フェリル　鈴木主税／石原正毅訳
人類誕生とともに戦争は始まった。先史時代からアレクサンドロス大王までの壮大なるその歴史をダイナミックに描く。地図・図版多数。（森谷公俊）

近代ヨーロッパ史　福井憲彦
ヨーロッパの近代は、その後の世界を決定づけた。現代をさまざまな面で規定しているヨーロッパ近代の歴史と意味を、平明かつ総合的に考える。

ルーベンス回想　ヤーコプ・ブルクハルト　新井靖一訳
19世紀ヨーロッパを代表する歴史家ブルクハルトが、「最大の絵画的物語作者」ルーベンスの絵画の本質を、作品テーマに即して解説する。新訳。

売春の社会史（上）　バーン＆ボニー・ブーロー　香川檀／家本清美／岩倉桂子訳
売春の歴史を性と社会的な男女関係の歴史としてとらえた初の本格的通史。図版多数。「売春の起源」から「宗教改革と梅毒」までを収録。

売春の社会史（下）　バーン＆ボニー・ブーロー　香川檀／家本清美／岩倉桂子訳
様々な時代や文化的背景における売春の全体像を十全に描き、社会政策への展開を探る。「王侯と平民」から「変わりゆく二重規範」までを収録。

イタリア・ルネサンスの文化（上）　ヤーコプ・ブルクハルト　新井靖一訳
中央集権化がすすみ緻密に構成されていく国家あってこそ、イタリア・ルネサンスは可能となった。ブルクハルト若き日の着想に発した畢生の大著。

イタリア・ルネサンスの文化（下）　ヤーコプ・ブルクハルト　新井靖一訳
緊張の続く国家間情勢の下にあって、類稀な文化と個性的な人物達は生みだされた。近代的な社会に向かう時代の、人間の生活文化様式を描ききる。

はじめてわかる　ルネサンス　ジェリー・ブロトン　高山芳樹訳
ルネサンスは芸術だけじゃない！　東洋との出会い、科学と哲学、宗教改革など、さまざまな角度から光をあてて真のルネサンス像に迫る入門書。

増補 普通の人びと　クリストファー・R・ブラウニング　谷喬夫訳

ごく平凡な市民が無抵抗なユダヤ人を並べ立たせ、ひたすら銃殺する――なぜ彼らは八万人もの大虐殺に荷担したのか。その実態と心理に迫る戦慄の書。

匪賊の社会史　エリック・ホブズボーム　船山榮一訳

抑圧的権力から民衆を守るヒーローと讃えられてきた善きアウトローたち。その系譜や生き方を追い、暴力と権力のからくりに迫る幻の名著。

20世紀の歴史（上）　エリック・ホブズボーム　大井由紀訳

第一次世界大戦の勃発が20世紀の始まりとなった。この「短い世紀」の諸相を英国を代表する歴史家が渾身の力で描く。全二巻、文庫オリジナル新訳。

20世紀の歴史（下）　エリック・ホブズボーム　大井由紀訳

一九七〇年代を過ぎ、世界に再び危機が訪れる。不確実性がいやますなか、ソ連崩壊が20世紀の終焉を印した。歴史家の考察は我々に何を伝えるのか。

アラブが見た十字軍　アミン・マアルーフ　牟田口義郎／新川雅子訳

十字軍とはアラブにとって何だったのか？　豊富な史料を渉猟し、激動の12、13世紀をあざやかに、しかも手際よくまとめた反十字軍史。

バクトリア王国の興亡　前田耕作

ゾロアスター教が生まれ、のちにヘレニズムが開花したバクトリア。様々な民族・宗教が交わるこの地に栄えた王国の歴史を描く唯一無二の概説書。

ディスコルシ　ニッコロ・マキァヴェッリ　永井三明訳

ローマ帝国はなぜあれほどまでに繁栄しえたのか。その鍵は〝ヴィルトゥ〟。パワー・ポリティクスの教祖が、したたかに歴史を解読する。

戦争の技術　ニッコロ・マキァヴェッリ　服部文彦訳

出版されるや否や各国語に翻訳された最強にして安全な軍隊の作り方。この理念により創設された新生フィレンツェ軍は一五〇九年、ピサを奪回する。

マクニール世界史講義　ウィリアム・H・マクニール　北川知子訳

ベストセラー『世界史』の著者が人類の歴史を読み解くための三つの視点を易しく語る白熱の入門講義。本物の歴史感覚を学べます。文庫オリジナル。

古代ローマ旅行ガイド　フィリップ・マティザック　安原和見訳
タイムスリップして古代ローマを訪れるなら？　そんな想定で作られた前代未聞のトラベル・ガイド。必見の名所・娯楽ほか情報満載。カラー頁多数。

アレクサンドロスとオリュンピアス　森谷公俊
彼女は怪しい密儀に没頭し、残忍に邪魔者を殺す悪女なのか、息子を陰で支え続けた賢母なのか。大王母の激動の生涯を追う。（澤田典子）

古代地中海世界の歴史　本村凌二　中村るい
メソポタミア、エジプト、ギリシア、ローマ――古代に花開き、密接な交流や抗争をくり広げた文明を一望に見渡し、歴史の躍動を大きくつかむ！

増補　十字軍の思想　山内進
欧米社会にいまなお色濃く影を落とす「十字軍」の思想。人々を聖なる戦争へと駆り立てるものとは？　その歴史を辿り、キリスト教世界の深層に迫る。

向う岸からの世界史　良知力
「歴史なき民」こそが歴史の担い手であり、革命の主体であった。著者の思想史から社会史への転換点を示す記念碑的作品。（阿部謹也）

増補　魔都上海　劉建輝
摩天楼、租界、アヘン。近代日本が耽溺し利用し侵略した街。驚異的発展の後なお郷愁をかき立ててやまない上海の歴史の魔力に迫る。（海野弘）

子どもたちに語るヨーロッパ史　ジャック・ル・ゴフ　前田耕作監訳　川崎万里訳
歴史学の泰斗が若い人に贈る、とびきりの入門書。地理的要件や歴史、とくに中世史を、たくさんのエピソードとともに語った魅力あふれる一冊。

隊商都市　ミカエル・ロストフツェフ　青柳正規訳
通商交易で繁栄した古代オリエント都市のペトラ、パルミュラなどの遺跡に立ち、往時に思いを馳せたロマン溢れる歴史紀行の古典的名著。（前田耕作）

法然の衝撃　阿満利麿
法然こそ日本仏教を代表する巨人であり、ラディカルな革命家だった。鎮魂慰霊を超えて救済の原理を指し示した思想の本質に迫る。

初学者のための中国古典文献入門　坂出祥伸
文学、哲学、歴史等「中国学」を学ぶ時、必須となる古典の基礎知識。文献の体裁、版本の知識、図書分類他を丁寧に解説する。反切とは？　偽書とは？

詳講 漢詩入門　佐藤保
二千数百年の中国文学史の中でも高い地位を占める古典詩。その要点を、形式・テーマ・技巧等により系統だてて、初歩から分かりやすく詳しく学ぶ。

シュメール神話集成　杉勇／尾崎亨 訳
「洪水伝説」「イナンナの冥界下り」など世界最古の神話・文学十六篇を収録。ほかでは読むことのできない貴重な原典資料。豊富な訳注・解説付き。

エジプト神話集成　杉勇／屋形禎亮 訳
不死・永生を希求した古代エジプト人の遺した、ピラミッド壁面の銘文ほか、神への讃歌、予言、人生訓など重要文書約三十篇を収録。

宋名臣言行録　朱熹 編／梅原郁 編訳
北宋時代、総勢九十六名に及ぶ名臣たちの言動を大儒・朱熹が編纂。唐代の『貞観政要』と並ぶ帝王学の書であり、処世の範例集として今も示唆に富む。

資治通鑑　司馬光／田中謙二 編訳
全二九四巻にもおよぶ膨大な歴史書『資治通鑑』のなかから、侯景の乱、安禄山の乱など名シーンを精選。破滅と欲望の交錯するドラマを流麗な訳文で。

十八史略　曾先之／今西凱夫 訳／三上英司 編
『史記』『漢書』『三国志』等、中国の十八の歴史書をまとめた『十八史略』から、故事成語、人物にまつわる名場面を各時代よりセレクト。（三上英司）

アミオ訳 孫子〔漢文・和訳完全対照版〕　守屋淳 監訳・注解／臼井真紀 訳
最強の兵法書『孫子』。この書を十八世紀ヨーロッパに紹介したアミオによる伝説の訳業がついに邦訳。その独創的解釈の全貌がいま蘇る。（伊藤大輔）

プルタルコス英雄伝（全3巻）　プルタルコス／村川堅太郎 編
デルフォイの最高神官、故国の栄光を懐かしみつつローマの平和を享受した〝最後のギリシア人〟プルタルコスが生き生きと描く英雄たちの姿。

和訳 聊斎志異　蒲松齢 柴田天馬訳
中国清代の怪異短編小説集。仙人、幽霊、妖狐たちが繰り広げるおかしくも艶やかな話の数々。日本の文豪たちにも大きな影響を与えた一書。（南條竹則）

フィレンツェ史（上）　ニッコロ・マキァヴェッリ 在里寛司／米山喜晟訳
権力闘争、周辺国との駆け引き、戦争、政権転覆……。マキァヴェッリの筆によりさらにドラマチックに彩られるフィレンツェ史。文句なしの面白さ！

フィレンツェ史（下）　ニッコロ・マキァヴェッリ 在里寛司／米山喜晟訳
古代ローマ時代からのフィレンツェ史を俯瞰することで見出された、歴史におけるある法則……。マキァヴェッリの真骨頂が味わえる一冊！（米山喜晟）

ギルガメシュ叙事詩　矢島文夫訳
ニネベ出土の粘土書板に初期楔形文字で記された英雄ギルガメシュの波乱万丈の物語。「イシュタルの冥界下り」を併録。最古の文学の初の邦訳。

北欧の神話　山室静
キリスト教流入以前のヨーロッパ世界を鮮やかに語り伝える北欧神話。神々と巨人たちとが織りなす壮大な物語をやさしく説き明かす最良のガイド。

漢文の話　吉川幸次郎
日本人の教養に深く根ざす漢文を歴史的に説き起こし、その由来、美しさ、読む心得や特徴を平明に解説する。贅沢で最良の入門書。（興膳宏）

「論語」の話　吉川幸次郎
人間の可能性を信じ、前進するのを使命であると考えた孔子。その思想と人生を「論語」から読み解く中国文学の碩学による最高の入門書。

老子　福永光司訳
己の眼で見ているこの世界は虚像に過ぎない。自我を超えた「無為自然の道」を説く、東洋思想が生んだ画期的な一書を名訳で読む。（興膳宏）

荘子 内篇　福永光司 興膳宏訳
人間の醜さ、愚かさ、苦しさから鮮やかに決別する、古代中国が生んだ解脱の哲学三篇。中でも「内篇」は荘子の思想を最もよく伝える篇とされる。

東京都市計画物語　越澤明

関東大震災の復興事業から東京オリンピックに向けての都市改造まで、四〇年にわたる都市計画の展開と挫折をたどりつつ新たな問題を提起する。

新版大東京案内(上)　今和次郎編纂

昭和初年の東京の姿を、都市フィールドワークの先駆者が活写した名著。上巻には交通機関や官庁、デパート、盛り場、遊興、味覚などを収録。

グローバル・シティ　サスキア・サッセン　伊豫谷登士翁監訳　大井由紀／髙橋華生子訳

世界の経済活動は分散したのではない、特権的な大都市に集中したのだ。国民国家の枠組みを超えて発生する世界の新秩序と格差拡大を暴く衝撃の必読書。

東京の空間人類学　陣内秀信

東京、このふしぎな都市空間を深層から探り、明快に解読した定番本。基層の地形、江戸の記憶、近代の都市造形が、ここに甦る。図版多数。（川本三郎）

東京の地霊（ゲニウス・ロキ）　鈴木博之

日本橋室町、紀尾井町、上野の森……。その土地に堆積した数奇な歴史・固有の記憶を軸に、都内13カ所の土地を考察する「東京物語」。（藤森照信／石山修武）

空間の経験　イーフー・トゥアン　山本浩訳

人間にとって空間と場所とは何か？　それはどんな経験なのか？　基本的なモチーフを提示する空間論の必読図書。（A・ベルク／小松和彦）

個人空間の誕生　イーフー・トゥアン　阿部一訳

広間での雑居から個室住まいへ。回し食いから個々人用食器の成立へ。多様なかたちで起こった「空間の分節化」を通覧し、近代人の意識の発生をみる。

自然の家　フランク・ロイド・ライト　富岡義人訳

いかにして人間の住まいと自然は調和をとりうるか。建築家F・L・ライトの思想と美学が凝縮された名著を新訳。最新知見をもりこんだ解説付。

マルセイユのユニテ・ダビタシオン　ル・コルビュジエ　山名善之／戸田穣訳

近代建築の巨匠による集合住宅ユニテ・ダビタシオン。そこには住宅から都市まで、ル・コルビュジエの思想が集約されていた。充実の解説付。

限界芸術論　鶴見俊輔

盆栽、民謡、言葉遊び……芸術と暮らしの境界に広がる「限界芸術」。その理念と経験を論じる表題作ほか、芸術に関する業績をまとめる。（四方田犬彦）

ダダ・シュルレアリスムの時代　塚原史

人間存在が変化してしまった時代の〈意識〉を先導する芸術家たち。二十世紀思想史として捉えなおす、衝撃的なダダ・シュルレアリスム論。（巖谷國士）

奇想の系譜　辻惟雄

若冲、蕭白、国芳……奇矯で幻想的な画家たちの大胆な再評価で絵画史を書き換えた名著。度肝を抜かれる奇想の世界へようこそ！（服部幸雄）

奇想の図譜　辻惟雄

北斎、若冲、写楽、白隠、そして日本美術を貫く奔放な「あそび」の精神と「かざり」への情熱。奇想から花開く鮮烈で不思議な美の世界。（池内紀）

幽霊名画集　辻惟雄監修

怪談噺で有名な幕末明治の噺家・三遊亭円朝が遺した鬼気迫る幽霊画コレクション50幅をカラー掲載。美術史、文化史からの充実した解説を付す。

あそぶ神仏　辻惟雄

白隠、円空、若冲、北斎……。彼らの生んだ異形でかわいい神仏とは。「奇想」で美術の常識を塗り替えた大家がもう一つの宗教美術史に迫る。（矢島新）

デュシャンは語る　マルセル・デュシャン　聞き手ピエール・カバンヌ　岩佐鉄男／小林康夫訳

現代芸術において最も魅惑的な発明家デュシャン。謎に満ちたこの稀代の芸術家の生涯と思考・創造活動に向かって深く、広く開かれた異色の対話。

音楽理論入門　東川清一

リクツがわかれば音楽はもっと楽しくなる！　楽譜で用いられる種々の記号、音階、リズムなど、鑑賞や演奏に必要な基礎知識を丁寧に解説。

プラド美術館の三時間　エウヘーニオ・ドールス　神吉敬三訳

20世紀スペインの碩学が特に愛したプラド美術館を借りて披瀝した絵画論。「展覧会を訪れる人々への忠告」併収の美の案内書。（大高保二郎）

イコノロジー研究（下）
E・パノフスキー
浅野徹ほか訳
上巻の、図像解釈学の基礎論的「序論」と「盲目のクピド」等各論に続き、下巻は新プラトン主義と芸術作品の相関に係る論考に詳細な索引を収録。

〈象徴形式〉としての遠近法
エルヴィン・パノフスキー
木田元監訳
川戸れい子／上村清雄訳
透視図法は視覚とは必ずしも一致しない。それはいわばシンボル的な形式なのだ――。世界表象のシステムから解き明かされる、人間の精神史。

見るということ
ジョン・バージャー
飯沢耕太郎監修
笠原美智子訳
写真の登場で、人間は膨大なイメージに取り囲まれ、歴史や経験との対峙を余儀なくされた。見るという行為そのものに肉迫した革新的美術論集。

イメージ
ジョン・バージャー
伊藤俊治訳
イメージが氾濫する現代、「ものを見る」とはどういう意味をもつか。美術史上の名画と広告とを等価に扱い、見ること自体の再検討を迫る名著。

バルトーク音楽論選
ベーラ・バルトーク
伊東信宏／太田峰夫訳
中・東欧やトルコの民俗音楽研究、同時代の作曲家についての批評など計15篇を収録。作曲家バルトークの多様な音楽活動に迫る文庫オリジナル選集。

新編 脳の中の美術館
布施英利
「見る」に徹する視覚と共感覚に訴える視覚。ヒトの二つの視知覚形式から美術作品を考察する、芸術論へのまったく新しい視座。（中村桂子）

秘密の動物誌
フォンクベルタ／フォルミゲーラ
荒俣宏監修
管啓次郎訳
光る象、多足蛇、水面直立魚――謎の失踪を遂げた動物学者によって発見された「新種の動物」とは。世界を騒然とさせた驚愕の書。（茂木健一郎）

ブーレーズ作曲家論選
ピエール・ブーレーズ
笠羽映子編訳
現代音楽の巨匠ブーレーズ。彼がバッハ、マーラー、ケージなど古今の名作曲家を個別に考察した音楽論14篇を集めたオリジナル編集。

ワーグナーとニーチェ
フィッシャー＝ディースカウ
荒井秀直訳
響き合い、互いの創作を高めあい、別れゆくふたりの鬼才。不世出のバリトン歌手が、若き日のニーチェを音楽の面から捉えなおした名著。（茂木健一郎）

土門拳　写真論集　田沼武能編　土門拳

戦後を代表する写真家、土門拳の書いた写真選評やエッセイを精選。巨匠のテクニックや思想を余すところなく盛り込んだ文庫オリジナル新編集。

なぜ、植物図鑑か　中平卓馬

映像に情緒性・人間性は不要だ。図鑑のような客観的視線を獲得せよ！　日本写真の'60～'70年代を牽引した著者の幻の評論集。（八角聡仁）

監督　小津安二郎〔増補決定版〕　蓮實重彥

小津映画の魅力は何に因るのか。人々を小津的なものの神話から解放し、現在に小津を甦らせた画期的著作。一九八三年版に三章を増補した決定版。

ハリウッド映画史講義　蓮實重彥

「絢爛豪華」の神話都市ハリウッド。時代と不幸な関係をとり結んだ「一九五〇年代作家」を中心に、その崩壊過程を描いた独創的映画論。（三浦哲哉）

美術で読み解く　新約聖書の真実　秦剛平

西洋名画からキリスト教を読む楽しい3冊シリーズ。新約聖書篇は、受胎告知や最後の晩餐などのエピソードが満載。カラー口絵付オリジナル。

美術で読み解く　旧約聖書の真実　秦剛平

名画から聖書を読む「旧約聖書」篇。天地創造、アダムとエバ、洪水物語。人類創始から族長・王達の物語を美術はどのように描いてきたのか。

美術で読み解く　聖母マリアとキリスト教伝説　秦剛平

キリスト教美術の多くは捏造された物語に基づいていた！　マリア信仰の成立、反ユダヤ主義の台頭など、西洋名画に隠された衝撃の歴史を読む。

美術で読み解く　聖人伝説　秦剛平

聖人100人以上の逸話を収録する『黄金伝説』は、中世以降のキリスト教美術の典拠になった。絵画・彫刻と対照させつつ聖人伝説を読み解く。

イコノロジー研究（上）　E・パノフスキー　浅野徹ほか訳

芸術作品を読み解き、その背後の意味と歴史的意識を探求する図像解釈学。人文諸学に汎用されるこの方法論の出発点となった記念碑的名著。

ちくま学芸文庫

古代アテネ旅行ガイド　一日5ドラクマで行く

二〇一九年八月十日　第一刷発行

著者　フィリップ・マティザック
訳者　安原和見（やすはら・かずみ）
発行者　喜入冬子
発行所　株式会社　筑摩書房
東京都台東区蔵前二―五―三　〒一一一―八七五五
電話番号　〇三―五六八七―二六〇一（代表）
装幀者　安野光雅
印刷所　三松堂印刷株式会社
製本所　三松堂印刷株式会社

ISBN978-4-480-09939-6　C0122